新人の「?」を解決する

ビジネスマナー Q&A 100

利重牧子

同文舘出版

はじめに

　本書を手にとっていただき、ありがとうございます。
　社会人への第一歩は、新しい生活への期待と希望に夢をふくらませる一方で、同じくらい不安を抱えてスタートしたのでないでしょうか？
　私は、マナー＆コミュニケーション講師として26年以上、毎年、新入社員研修に携わってきました。その中でいつも感じるのは、時代が変わっても、社会人1年生が抱える悩みはみんな同じ、ということです。

　研修で、「一番不安に感じていることは、何ですか？」と尋ねると、毎年上位を占めるのが「人間関係」のこと。
　なかでも、世代の違う人たちとどのようにお付き合いをすればよいのかわからない、とみなさん口をそろえて言います。
　社会人1年生としてスタートを切ったみなさんは、職場でさまざまな場面に出くわし、悩みも増えていくでしょう。そのとき、人に聞いたら恥ずかしい、誰に聞いたらいいのかわからないという気持ちから、1人で悩みを抱え込む人がたくさんいます。
　でも、悩みを持つことは、特別なことではありません。あなたの上司も、隣にいる厳しいあの先輩も、新入社員のときは、みなさんと同じような壁にぶつかり、悩みを抱えながら、それを乗り越えて「今」につながっています。

新入社員のみなさんは、言われたことは失敗しないように、注意もされないように、完璧を目指そうと頑張っていると思いますが、そんなとき失敗したり叱られたりすると、傷つきますよね。
　でも、そこに成長するチャンスがあることを忘れないでください。悩みは、次のステップへの大きな壁に見えますが、その壁の向こうには、未来につながる道があります。
　これから数年後、振り返ったとき、その経験がありがたかったなと思えたら、それはあなたが壁を乗り越えた証です。

　本書では、数々の新入社員研修を通して、みなさんからよく受ける質問を100問ピックアップしました。みなさんの「何がいけないのかわからない」「先輩に聞きづらい」という素朴な疑問や、「暗黙の了解」となっている社会人の常識について、わかりやすくお答えしています。
　業界や職種もさまざまな方々から受けた質問の回答です。自身の職場や仕事に置き換えて、活用してください。
　また、すべてを読まなくても、悩んだとき質問内容のページをめくればわかるようにしてあります。
　本書を通して、みなさんが壁を上手に乗り越えるきっかけをつかんでいただきたいと願っています。

利重牧子

新人の「?」を解決する
ビジネスマナーQ&A100
CONTENTS

はじめに

職場で新人が求められている7カ条 • 12

1章 出勤・退社のQ&A

COLUMN　遅刻はとにかくNG！ • 14
Q.001　出勤時、会う人全員に挨拶すべき？ • 16
Q.002　出勤時、電車が止まってしまったら？ • 18
Q.003　体調不良などで会社を休むときの連絡方法は？ • 20
Q.004　「机の上を整理してから帰れ！」と言われたら？ • 22
Q.005　先輩に「もう帰っていいよ」と言われた。本当に帰っていい？ • 24
ミニQ&A　仕事中に自分のデスクを離れるときは？／身内の訃報や家族の緊急入院などがあったら？／退社時は気が抜けるとき • 26

2章 身だしなみのQ&A

COLUMN　新入社員は第一印象がすべて！ • 28
Q.006　会社には、どのような服装で行けばいい？ • 30
Q.007　男性のスーツは、どんなものを、いくつそろえればいい？ • 32
Q.008　スーツのズボンのプレスをきれいに保つには？ • 34

Q.009　クールビズは、どの程度まで許される？・36
Q.010　制服がない場合、女性の服装はどうしたらいい？・38
Q.011　財布や名刺はどこに入れたらいい？・40
Q.012　髪の色やヘアースタイルの基準はある？・42
Q.013　ナチュラルメイクってどのくらい？・44
Q.014　マニキュアをしてもいい？・46
Q.015　アクセサリーをつけてもいい？・48
Q.016　夏の汗のニオイを防ぐ方法は？・50
ミニQ&A マスクをすることは当たり前ではない？／冬場のタイツはOK？／制服にハイソックスはOK？・52

3章　挨拶のQ&A

COLUMN　挨拶の意味・54
Q.017　「今年の新人は、挨拶ができない」と言われるのはなぜ？・56
Q.018　挨拶が返ってこない相手にも、挨拶すべき？・58
Q.019　目上の人への挨拶は「ご苦労さま」？「お疲れさま」？・60
Q.020　社長と社内ですれ違ったとき、何て挨拶をすればいい？・62
Q.021　笑顔が苦手。どうしたらいい？・64
ミニQ&A 社内に知らない人がいたら？／面識がない他部署の人への挨拶は？／エレベーターの中で久しぶりに同期と会ったら？・66

4章 言葉づかいのQ&A

COLUMN　言葉づかいの意味 • 68

Q.022　どうしたら敬語がうまく使えるようになる？ • 70

Q.023　敬称の使い分け方は？ • 72

Q.024　上手なあいづちの打ち方は？ • 74

Q.025　上司やお客様に「了解です」は間違い？ • 76

Q.026　お客様に名前などを尋ねるときに、失礼のない言い方は？ • 78

Q.027　お客様の意向にそえないときは？ • 80

ミニQ&A　若者言葉を使っていませんか？／
「大丈夫です」と言っていませんか？ • 82

5章 電話応対のQ&A

COLUMN　電話は習うより慣れろ • 84

Q.028　電話の声が暗いと言われた。どうしたら明るくなれる？ • 86

Q.029　会社の電話では「もしもし」と言わない？ • 88

Q.030　会社名が聞き取れなかった場合、何度まで聞き直せる？ • 90

Q.031　電話をかけるとき、こちらから先に名乗るべき？ • 92

Q.032　新規営業の電話をかけたとき、担当者が留守だったら？ • 94

Q.033　電話の名指し人が不在だったら？ • 96

Q.034　伝言メモを残すときのポイントは？ • 98

Q.035　先輩に電話を取り次いだとき、なかなか電話口に来なかったら？ • 100

Q.036 上司の不在時に、お客様から「またかけます」と言われたら？・102
Q.037 上司の会議中に電話がかかってきた。取り次いでもいい？・104
Q.038 社内に同じ名字の人が複数いるときは？・106
Q.039 「電話すると言ったのに電話がこない」と言われたら？・108
Q.040 1日に何度も電話連絡があるお客様には、どんな注意が必要？・110
Q.041 お客様にアポをとるときのポイントは？・112
Q.042 お客様からの長電話は、どのように切ればいい？・114

ミニQ&A 仕事中に携帯電話を使ってもいい？／
社外での携帯電話の会話に注意！・116

6章 来客応対のQ&A

Q.043 お客様がお見えになったとき、どう応対する？・118
Q.044 上司に取り次ぎをしてほしいと名刺をいただいたら？・120
Q.045 約束のお客様が来社されたが、上司が不在だったら？・122
Q.046 スマートにドアを開閉してお通しする方法は？・124
Q.047 エレベーターや階段を使ってご案内するときは？・126
Q.048 訪問客に紹介するからと、応接室に来るように言われたら？・128
Q.049 商談中の上司に緊急の電話がかかってきたら？・130
Q.050 社内に1人のとき、電話応対中にお客様が見えたら？・132
Q.051 上司からお客様を玄関までお送りするように言われたら？・134
Q.052 日本茶のおいしいいれ方は？・136
Q.053 来客者へのお茶の出し方は？・138
Q.054 大会議室で、先輩と2人でお茶を出すときは？・140

Q.055 お客様だけをご案内後、上司のお茶も置いてきていい？ • 142

ミニQ&A お客様をご案内中に上司とすれ違ったら？／
コーヒーや紅茶の取っ手の向きは？ • 144

7章 他社訪問のQ&A

COLUMN 社外ではあなたが会社の顔になる • 146
Q.056 上司に同行して他社を訪問するときの注意点は？ • 148
Q.057 先輩と外で待ち合わせをするときのポイントは？ • 150
Q.058 上司と先輩と3人でタクシーに乗るとき、どこに座ればいい？ • 152
Q.059 同行訪問したとき、受付で電話をするのは誰？ • 154
Q.060 応接室に案内された場合、どこに座ればいい？ • 156
Q.061 名刺交換の方法は？ • 158
Q.062 複数の人と名刺交換をするときは？ • 160
Q.063 お茶はいつ飲めばいい？ • 162
Q.064 1人で訪問するとき、先方には何分前に行けばいい？ • 164
Q.065 訪問中、別のお客様から電話がかかってきたら？ • 166
Q.066 訪問先で予想外に時間が長引いたとき、次の約束はどうする？ • 168
Q.067 他社訪問先で帰るときは？ • 170

ミニQ&A エレベーターを待つ間、気まずかったら？／
他社訪問後、直帰の予定の場合は？ • 172

8章 指示の受け方のQ&A

Q.068 「何度も同じことを聞き返すな」と言われたら？ • 174

Q.069 上司や先輩によって指示が違うときは？ • 176

Q.070 上司の言うことがコロコロ変わるときは？ • 178

Q.071 複数の上司や先輩に仕事を頼まれたら？ • 180

Q.072 上司に仕事の報告をしたいが、いつも忙しそうだったら？ • 182

ミニQ&A 仕事でのミス。誠意の伝わる謝罪の仕方は？／
上司と先輩、ミスを先に報告すべきなのはどっち？ • 184

9章 ビジネスメールのQ&A

COLUMN メールのマナー • 186

Q.073 「E-mailは、LINEじゃないんだ！」と叱られた。なぜ？ • 188

Q.074 お客様へのメールは、上司に確認してもらったほうがいい？ • 190

Q.075 「CC」と「BCC」の使い分けは？ • 192

Q.076 メールの返信は、早いほうがいい？ • 194

Q.077 取引先に初めてメールを送るときの書き出しは？ • 196

Q.078 お客様からメールで質問がきたが、自分では判断できなかったら？ • 198

ミニQ&A 急ぎの場合もメールでいい？／クレームのメールがきたら？ • 200

10章 会話とコミュニケーションのQ&A

Q.079 早口と言われる。どうしたらゆっくり話せるようになる？・202

Q.080 声が小さいと言われる。どうしたら大きな声が出せる？・204

Q.081 子供の頃から発音が悪いと言われる。どうしたら治る？・206

Q.082 話をするとき、相手の目を見て話せなかったら？・208

Q.083 緊張して、お客様とうまく話せなかったら？・210

Q.084 世間話が苦手だったら？・212

Q.085 方言で話してはいけない？・214

Q.086 朝礼でスピーチをするときは？・216

ミニQ&A 話し方がきついと言われたら？／
会議では意見を言ったほうがいい？・218

11章 仕事で悩んだときのQ&A

Q.087 「何でも聞いて」と言われたのに、いざ質問すると嫌な顔をされたら？・220

Q.088 「この前も同じこと言ったよね」と言われたら？・222

Q.089 まわりの人たちが忙しそうにしているのに、自分は暇なときは？・224

Q.090 単調な仕事が嫌になったら？・226

Q.091 「気が利かないなあ！」と言われたら？・228

Q.092 同期に比べて、自分は覚えが悪く仕事も遅いと思ったら？・230

Q.093 締め切りの期限までに仕事が終わらなかったら？・232

ミニQ&A 教わり上手になるコツは？／先輩と合わないと感じたときは？／
先輩に「疲れた？」「緊張してる？」と聞かれたときは？・234

12章 宴会のQ&A

COLUMN 宴会は会話を楽しもう • 236

Q.094 宴会では、どんなことに気をつければいい？ • 238

Q.095 乾杯はビールじゃないとダメ？ • 240

Q.096 どうやってお酌をすればいい？ • 242

Q.097 上司に「今日は、無礼講だ」と言われたら？ • 244

Q.098 何を話していいのかわからないので、会食がつらいときは？ • 246

Q.099 上司が「飲みに行こう」と誘ってくれたが、断ってもいい？ • 248

Q.100 立食パーティーの心がまえは？ • 250

ミニQ&A 上司にごちそうになった翌朝は？／食事場所が和室だった。素足でいい？／二次会を断るのは、やっぱり失礼？ • 252

おわりに

イラスト　なかきはらあきこ
装幀　高橋明香（おかっぱ製作所）
本文デザイン・DTP　松好那名（matt's work）

職場で新人が求められている7カ条

1 素直であること

ハキハキとした受け答えができる。言われたことを素直に受け止め改善の努力をする。言い訳をせず、「はい」と素直に言えること。

2 与えられた仕事から逃げ出さないこと

与えられた仕事は、きっちり最後までやり抜く。どんな仕事も雑用と思わず、嫌がらずやれる。

3 納期・約束を守ること

書類や報告書をぎりぎりに提出したり、遅れたりしないこと。

4 自分で考えて行動できること

いつまでも指示をされなければ行動できないのではなく、自分で考えて行動できる。

5 失敗を恐れないこと

叱られたくない、失敗したくないと思う気持ちで消極的にならないで積極的にチャレンジする。

6 チームワークがいいこと

仕事は、1人でするものではなくチームで行なうもの。「こんな仕事は、つまらない」と思わないでどんな仕事にも臨むこと。つまらない仕事は、ない。

7 人のせいにしないこと

トラブルや自分にとって不都合なことがあったとき、「人のせい」にし、言い訳をしない。最後まで責任をもって対処にあたる。

1章

出勤・退社の Q&A

遅刻はとにかくNG！

　新入社員のみなさんは、「朝早く決められた時間に起きることがつらい」と言います。学生時代、時間ギリギリの行動や遅刻をよくしていたという人は、今後は"約束の時間を守る"ことをしっかり肝に銘じて生活しなければなりません。

　新入社員のスタートラインは、能力の有無にかかわらず、みんな同じです。上司や先輩に仕事を教わりながら覚えていくわけですが、どんなに能力が高くても、遅刻や休みが多い人は信用できず、仕事を教えてあげようという気持ちにはならないでしょう。

休まず、遅刻せず、決まった時間に会社に行く。そして、まわりの人と信頼関係を築いていく。入社1年目のみなさんは、ここから社会人生活の一歩を始めましょう。

◆「絶対に遅刻しない」の意識で育つプラス効果

・顧客との約束を守ることが当たり前になる

・納期意識が育つ

・仕事が計画的に進むようになる

◆ 始業時刻前の準備

- デスクまわりの清掃や整理整頓を行なう
- 1日のスケジュールを把握する
- 今日仕上げなければならない仕事の段取りを確認する
- 仕事で使う資料などの準備をする
- パソコンを立ち上げ、メールを確認する

◆ 退社時のポイント

- 帰る前に、机の上を整理整頓する
- 翌日の仕事の段取りをすませておく
- 化粧直しをしながら終業時間がくるのを待つ行為はNG
- 先に帰る場合は、デスクまわりの人に「お先に失礼します」の声かけを
- お世話になった上司や先輩に声かけを忘れない

Q.001 出勤時、会う人全員に挨拶すべき？

挨拶については3章で詳しく触れますが、挨拶は、やりすぎて損をすることはありません。

会社に到着すると、まずガードマンや清掃している人など、早くから仕事をしている人に出会いますね。そこで躊躇せずに、明るく「おはようございます！」と挨拶をしましょう。挨拶された人だけでなく、まわりの人も「さわやかな新入社員が入ってきたなぁ」と思うものです。

研修の受講生から、「朝、何度も同じ人に会うことがあります。どうしたらいいですか？」という質問を受けることがあります。

一度挨拶をした後は、すれ違う際に会釈でいいでしょう。朝、出会う人が多く、誰と挨拶を交わしたのかわからなければ、何度声をかけてもかまいません。挨拶は、何度されても悪い気はしないものです。いつでも、迷わず、誰にでも、どこでも率先して挨拶ができるようになりましょう。

出社時にとどまらず、「お先に失礼します」「よろしくお願いします」「ありがとうございます」などの挨拶は、人と人の心をつなぐ第一歩。

まずは、新入社員のあなたが率先して挨拶をしてみてはいかがでしょうか？　きっと、あなたの挨拶でみんなが笑顔になるはずです。

A. 挨拶は先手必勝！

挨拶は新人が率先して行なおう

上司にも、先輩にも、同僚にも、清掃の方にも、警備員の方にも
「おはようございます」

● **よく使う挨拶言葉**

- 「おはようございます」
- 「よろしくお願いいたします」
- 「お疲れさまでした」
- 「失礼いたします」
- 「ありがとうございます」
- 「申し訳ございません」

自然に挨拶できるように、早く慣れよう！

Q.002 出勤時、電車が止まってしまったら？

　電車の遅延は、雪や台風といった天候不良・不慮の事故などで日常的に起きるもので、珍しいことではありません。

　たとえ電車が止まってもあわてることのないように、ゆとりある行動を日頃から心がけましょう。

　そのためには、「30分前行動」を意識することをおすすめします。

　電車遅延の連絡方法は、会社によって決まりがある場合もありますが、一般的には、遅刻・欠勤は出勤途中の電車遅延なども含め、メールではなく電話連絡が基本です。遅刻が決定的になった時点で、早めに連絡をしましょう。

　ただし、電車の中など、電話ができない場面もありますね。電話が基本といっても、電車内で電話をするのはマナー違反。そんなときは、「電車の中なので電話ができないため、取り急ぎメールをさせていただきます」など前置きをして、メールで連絡してもよいでしょう。

　駅に着いたら、「今、駅に着きました。9時15分くらいには、到着します」と電話連絡を入れます。そうすれば、その間にかかってきたお客様からの電話などにも、同僚がスムーズに応対してくれますね。

　遅刻するときは、状況の第一報を早く入れることが一番のポイントです。

A.　会社への連絡は、電話が基本！

電車遅延で遅刻するときの対応法

● 駅のホームで(電話)

おはようございます。総務課の山田です。
ただいま、○○駅におります。
申し訳ございませんが、
電車の故障で遅れそうです。
9時15分には到着すると思いますので
よろしくお願いします。

● 電車の中で(メール)

総務課　鈴木課長

おはようございます。
総務課の山田です。

電車の故障があり、15分くらい遅れそうです。
9時過ぎにお客様から連絡が入る予定ですので、
申し訳ございませんが、ご対応をよろしくお願いいたします。

山田太一

● 駅に到着したら(電話)

おはようございます。総務課の山田です。
今、駅に着きました。
9時10分には到着します。
よろしくお願いします。

Q.003 体調不良などで会社を休むときの連絡方法は？

　欠勤や早退等の上司への連絡は、メールではなく電話や口頭で直接行なうのが基本です。

　体調不良で、当日、急にお休みをしなくてはいけなくなった場合の連絡方法は、なるべく始業前、上司が出勤している時間を見計らって連絡を入れましょう。

　緊急の場合は、はっきりと休む理由を言わなければなりません。事前に計画された「休み」と違い、業務をまわりの人にお願いし、予想外の負担をかけることがあるからです。

　親しい同僚に連絡をして、上司に伝えてもらうなんてことは絶対にしてはいけないことです。とはいえ、電話連絡をした際、上司が不在の場合もあります。その場合は、休む旨の伝言を残しておいてもらい、さらにメールを入れておくとよいでしょう。その後、時間をあけて電話をすると、より丁寧です。

　お客様との約束や会議の予定などがある場合は、対処の仕方について上司と相談をしてください。

A. 休みの連絡は、上司に直接するのが基本！

体調不良で休む場合の連絡の例

> おはようございます。
> ○○です。△△課長はいらっしゃいますか?
> └ 上司に連絡する

> △△課長、おはようございます。○○ですが、今日は、風邪で熱が38度ありますので、
> └ 理由をはっきり言う
> お休みをいただけないでしょうか?

> ありがとうございます。明日には出社できると思います。よろしくお願いします。

● 有給休暇をとるときは、会社の就業規則をチェック

計画
- 締め月や繁忙期はなるべく避ける
- 日程が決まったら上司や先輩に相談する
- プライベートの休暇理由は、「私用」でOK
  会話例 「○月○日に有給をいただきたいのですが、仕事上のさしさわりはありませんでしょうか?」

申請
- 上司の了解をとったうえで申請をする
- 会社によって申請方法や時期に決まりがあるので、規則にそって行なう

引き継ぎ
- 休暇中の業務は、前日までに引き継ぎを行なう
- 誰かに代わりの仕事を依頼する場合は早めにお願いする
- できるところまでは自分で行なう

休暇中はなるべく他の人に負担をかけないよう配慮することが大切!

Q.004 「机の上を整理してから帰れ！」と言われたら？

　机の上が散らかっていると、だらしなく見えるだけでなく、「重要な書類は大丈夫かな？」「明日、こんな様子で仕事ができるんだろうか？」など、よからぬ想像を持たれてしまいます。「今日の片づけをして、明日の準備までして終業する」ことをルールにしましょう。

　いざ、仕事にとりかかるときに、片づけや物を探すことから始まって、朝から余計な時間がとられてしまっては、効率が悪いですね。退社時には、翌日の朝、すぐに仕事が始められるように机の上を整理しましょう。

　朝、机に座ったとき、きれいに片づいていると、「よし！今日も頑張るぞ！」とやる気が起こりませんか？　逆に、散乱していると集中力の妨げになります。

　日頃から心がけておきたいことは、ペンやメモ、書類などは置き場所を決め、使ったら必ず元の位置に戻すこと。

①ペンやふせんなどの文房具類は、カテゴリーごと分けて引き出しの中に入れる。
②机の上は、常にすっきりと。パソコン、電話などの最低限必要なもののみを置く。
③1つ空の引き出しをつくり、作成中の書類や手がけている書類の一時保管場所にする。
④重要書類などは、机の下の引き出しにまとめて収納する。

A. 「机の上の整理が終わってから終業」がルール！

退社時、机の上はきれいですか？

書類の出しっぱなしには注意！個人情報や機密事項等の情報漏えいには気を抜かないで

書類は下の引き出しにファイルの背が見えるように収納

文房具類は全て引き出しに

伝票や書類の扱いは先輩を見て学ぶ。決まりをつくって整理をすると、必要なときに探さなくてすむ

※書類の管理方法の例

POINT

不必要なものは、シュレッダーにかけますが、その判断が明確にできるようになるまで上司や先輩に確認しましょう。

Q.005 先輩に「もう帰っていいよ」と言われた。本当に帰っていい?

　先輩に「もう帰っていいよ」と言われても、どうしてよいのかわからないと言う人がいます。昼間はあれこれ面倒を見てくれた先輩も、夕方になると忙しいこともあります。もしかしたら、入社したばかりのみなさんには、時間が来たら帰ってもらおうとの配慮かもしれません。

「先に帰ると悪いので、黙って自分の席で待っている」という人も多いのですが、その気持ちがあるなら、先輩に「私に何かできることはありませんか?」と声をかけてみましょう。

「助かるわ。……をお願い」と言われれば気持ちよく動いてください。しかし、「ありがとう。でも、今日はもういいですよ」と言われたら、「今日は、ありがとうございました。お先に失礼いたします」と挨拶をし、帰り支度をしましょう。

　明日の準備をし、机の整理整頓を終えたら、オフィスにいる全員に向かって「お先に失礼いたします」と言って部屋を出ます。

　そして、徐々に仕事に慣れ、少し余裕が出てきたら、人に言われなくても、できる仕事を自分で考えてみてください。勝手に動いては他の仕事に支障が出ることもありますから、「〇〇をやりましょうか?」と先輩に声をかけるといいでしょう。

A.　仕事に慣れたら、積極的に声をかけてみよう!

「もう帰っていいですよ」と言われたら

あなた: 他に何か、私にできることはありませんか？

先輩: 今日はもういいですよ

あなた: ありがとうございます。明日もよろしくお願いします

- ☐ 明日の準備
- ☐ 机の整理整頓
- ☐ オフィスの人に向かって「お先に失礼します」

仕事に慣れてきたら、自ら声をかけよう！

○○をしましょうか？

Q 仕事中に自分のデスクを離れるときは？

パソコンは開きっぱなし、資料は机の上に置きっぱなしでその場を離れないようにしましょう。デスクのまわりは、個人情報や機密事項などがいっぱいあります。必ず情報を保護する習慣をつけてください。座っていた椅子は、机の下に入れてその場を離れることも忘れないで。

Q 身内の訃報や家族の緊急入院などがあったら？

まずは、上司に相談しましょう。無断で欠勤や早退をしてはいけません。上司の指示に従い、場合によっては、可能な範囲で仕事の引き継ぎをすませます。
会社に戻ったら、まず、上司や協力してくださった先輩方に感謝の気持ちを述べましょう。

Q 退社時は気が抜けるとき

「帰る」と思った瞬間にふと気が抜けます。しかし、まわりには仕事をしている人もいます。大きな声で話したり、急に携帯電話を操作したりしないようにしましょう。

2章

身だしなみの Q&A

新入社員は第一印象がすべて!

第一印象は、外見を手がかりに、パッと見て3秒から5秒で決められると言われます。その決め手は、身だしなみ、表情、挨拶、言葉づかい、所作・動作などを含めた態度。特に真っ先に目に入る身だしなみや表情は、影響力が大きいのです。一度与えた印象をくつがえすことは難しいもの。少しの心がけで、印象を大きく左右する身だしなみの基本を、しっかり押さえましょう。

◆身だしなみの3原則

①清潔感……人から見て清潔に見えるかどうかがポイント。
②上品さ……「時・場所・場合」に合うかどうかが決め手。
③控えめ……流行に左右されたり、華美な格好をして自己主張をしすぎないこと。

◆身だしなみチェックリスト

[男性]

頭髪	□髪は伸びすぎていない 　・襟足:ワイシャツにかからない 　・サイド:耳にかぶっていない。もみあげは短い □髪の毛は自然な色である □強いニオイのヘアケア製品はつけていない
顔	□髭はきちんとそっている
服装	□スーツの色は適切か、制服は規定とおり □ワイシャツ、スーツは清潔で汚れやシミがない

	□ポケットがふくらむほど、物を詰め込んでいない □名札を所定の位置につけている
手	□爪は短く切り、手のひら側から見て見えていない
靴下	□清潔な靴下を着用している
靴	□ビジネスシューズである □常に光沢があり、手入れが行き届いた状態
腕時計	□実用的なものをつけている
ニオイ	□体臭、口臭には十分に気をつけている □オーデコロンなど、香りの強いものはつけていない

[女性]

頭髪	□仕事をしやすい髪型である 　・前髪：顔が見えるように上げている 　　　　　おろす場合は眉にかかっていない 　・サイド：髪が顔にかかっていない 　・肩より長い場合は、後ろで1つにまとめている □強いニオイのヘアケア製品はつけていない □髪の毛は自然な色である □リボン・ピンは、黒・濃紺・茶色など無地で 　目立たないものである
化粧	□清潔感があり、健康的な化粧である
服装	□制服は清潔で汚れやシミがない □ポケットがふくらむほど、物を詰め込んでいない □名札を所定の位置につけている
手	□爪は短く切り、手のひら側から見て見えていない □マニキュアは、透明か薄いピンク（ネイルはNG）
ストッキング	□肌に近い自然色を着用している
靴	□サンダルやピンヒールではない □仕事に適したデザイン 　（派手な飾りがない／ヒールは5cm以下）
アクセサリー	□目立つものをつけていない
腕時計	□実用的なものをつけている
ニオイ	□体臭、口臭には十分に気をつけている □オーデコロン・香りの強い化粧品はつけていない

会社には、どのような服装で行けばいい?

　制服のない会社では、上司に「カジュアルな服装で来てください」と言われることも。そんなとき、何を着て行けばいいのかと迷いますね。先輩方がどんな服装をしているのか見ておけばよかったなぁ、と思うものです。
「カジュアルOK」といっても、初日からジーンズやセーターではカジュアルすぎですし、特にジーンズを禁止している職場も多いです。
　自分で判断しにくい場合は、ジャケットを着用しておくと無難です。特に初日は、上司や先輩などに挨拶をすることが多いので、服装で引け目を感じて行動が消極的にならないようにしたいものです。

　どうしても迷いがある場合は、リクルートスーツを着ていけば間違いありません。制服がない職場では、スーツで仕事をする会社も多いですね。
　最近では、入社初日からスーツに合わせて柄物シャツを着てくる人も見受けられるようになりましたが、先輩方が白のワイシャツを着用している職場では浮いてしまいます。様子がつかめるまでは、無難にいきましょう。
　職場では、ルールとまではいかなくても、なんとなく引き継がれてきている慣習があります。先輩方の服装を観察して、目立つことがないようにしたいですね。

> **A.** 迷ったら、ジャケットを着用しよう!

職場の身だしなみのチェックポイント

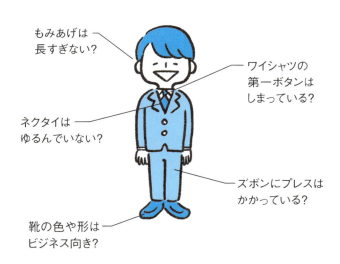

Q.007 男性のスーツは、どんなものを、いくつそろえればいい？

毎日、同じスーツ、同じネクタイで会社に行ったら、人の目にどのように映るでしょうか？　清潔感が感じられず、家に帰っていないようにも見えるかもしれません。

スーツの数に決まりはありませんが、汚れたらクリーニングに出すことを考えれば、シーズンごとに最低２着は必要です。金銭的に余裕が出てきたら、もう１着用意すると安心です。

ネクタイは、あくまでも目安ですが、最低３〜４本。意外とシミになりやすいので、気づいたときに替えがなかったということがないようにしておきたいですね。

ワイシャツは、毎日クリーニングできないことも考えて、５枚用意できたら無難でしょう。

スーツ、ネクタイ、ワイシャツの色については、職種によっても違いがありますが、スーツは、グレー、紺などのダークな色が好まれます。

ワイシャツは、白を基調としたもの、薄いストライプなど、遠目に見て白に見えるような色が無難です。

ネクタイは、パステルカラーなど華美な色は避け、落ち着いた色調をおすすめします。

新入社員のみなさんは、入社前に買ったスーツやネクタイの色・柄が職場に合わないのではないかと不安に感じることが多いようです。そんなときは、会社の雰囲気や風土をつかんでから買いそろえても遅くありませんよ。

A.　「かっこよさ」よりも「感じのよさ」！

スーツ選びのチェックポイント

POINT

- ☐ 肩幅まわりのサイズはOK?
- ☐ Vゾーンはきちんとしている?
  - ・第一ボタンはとめる
  - ・ネクタイはゆるめない
  - ・ワイシャツがスーツのえりから出ていない
    （ワイシャツのえりはレギュラーカラーが無難）
- ☐ 袖丈はOK?
  - ・まっすぐ立ったとき、スーツの袖口からワイシャツが1.5〜2cm見えるときれい
- ☐ 裾丈はOK?
  - ・スーツのときに履く靴を履いて試着するとよい
  - ・後ろの裾は、かかとから1〜2cm上がベスト

● ネクタイの結び方（プレーン・ノット）

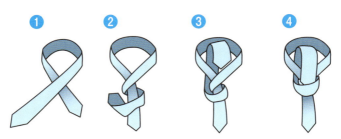

最も一般的な結び方。
結び目の下をくぼませるときれいに見える。

スーツのズボンの
プレスをきれいに保つには？

　買ったばかりのズボンには、センターにピンと張った1本のラインが入っていますね。このセンターラインは、着用しているうちにだんだん薄くなっていくものです。ラインが消えて丸くなっていたら、だらしない印象を与えてしまいますので、そうならないうちに手入れが必要です。

　ラインを保つためには、アイロンやズボンプレッサーを使用します。自分でアイロンをかける場合は、ズボンの上に当て布をしいたほうがよいでしょう。そうしないと、アイロンの熱と重みでズボン自体がテカってしまうことがあります。

　しかし、毎日、アイロンをかけるのは大変ですから、少なくとも帰宅後、ズボンを逆さまにしてクリップハンガーにつるす習慣をつけるとよいでしょう。

　クリーニング店では、「プレス加工」といってセンターラインをとれにくくするサービスをしてくれるところもあります。

　入社後しばらくの間は、みなさん身だしなみに気をつかいますが、3カ月くらい経つと仕事に精一杯で、そこまで気が回らなくなる人が多いようで、ヨレヨレ・シワシワのスーツを着ている人を見ることがあります。この時期は、精神的なゆとりのなさが表に出やすいので、改めて身だしなみをチェックしてみましょう。

A. **ときどきズボンのセンターラインをチェックしてみて！**

ズボンのプレスを保つコツ

- ズボンの センターライン
- ズボンプレッサー
- クリップハンガー

- ネクタイもチェック!
- シミや汚れに注意!

剣先

ネクタイのシミは、気がつかない人が多い。
とれにくいので、注意しましょう。
ネクタイの剣先が毛羽立ちヨレヨレになっている人、意外とよく見かけます。

ブラウスやワイシャツ・ネクタイのシミに注意!
エリや袖口に汚れはありませんか?

Q.009 クールビズは、どの程度まで許される？

　業界によって多少の違いがありますが、ドレスコードを設けている職場の場合は、それに準じましょう。

　クールビズは、ずいぶん定着してきましたが、導入当初、話題になったような短パンにアロハシャツという職場は珍しくなりました。

　むしろ、短パンやジーンズ、Tシャツは禁止しているところが多く、一般的には、ノーネクタイにボタンダウンのワイシャツが主流です。職場によっては、ワイシャツの襟の形状や色なども規定しているところもあります。

　女性の場合は、クールビズと言っても男性のように何かが大きく変わることは少ないですが、カジュアルになりすぎないように心がけることが大切です。

　たとえば、露出度の高いノースリーブ、ショートパンツ、ホームウェアのようなロングのワンピースなどは避けましょう。

　一方でクールビズを採用していないところもあります。職場によって規定が違いますから、夏が来る前に先輩や同僚から情報を聞き出しておきましょう。

　ただし、仕事上でお通夜に行く場合は、白いワイシャツに黒いネクタイを着用します。訃報の連絡は、突然入ってくるものなので、日頃から1セット用意をしておくとあわてません。

A. 夏が来る前に先輩から情報収集！

クールビズの服装

クールビズでもジャケットが必要なときがあります。会社には、ジャケットやネクタイを常備しておきましょう。
また、汗対策として、ワイシャツの下には、下着をつけましょう。1枚ワイシャツの予備を用意しておくこともおすすめです。

お茶を出すなどの接客がある場合、夏でもジャケットを用意しておくと、いざというときに困らないかも。

Q.010 制服がない場合、女性の服装はどうしたらいい？

　今までジーンズなどラフな格好が多かった人は、どのような服装で出社すればよいのか戸惑いますね。
　男性は基本的にスーツで、女性の服装は自由という会社も少なくありません。この場合、お客様の出入りが多く、お客様と直接、商談する機会が多い職場では、スーツやジャケットを着用すると、きちんとした印象を与えることができます。
　オフィス内で事務の仕事が多い場合は、冬はセーターやカーディガンでも問題ありません。お客様にお茶を出す機会がある人は、ジャケットを着用することで違和感がなくなります。オフィスに1枚ジャケットを用意しておくと、安心です。上司がお客様の席に同席してほしいと思ったときに「あんな格好では恥ずかしい」と思われないような服装でいてほしいですね。

　毎日、同じものを着て行くわけではないですから、色や素材選びも考えましょう。
　ボトムスは、黒やグレー、紺などのダークな色は着回しができて便利です。個性的な柄物は「また同じものを着ている」と思われやすいので、上着とのバランスをとりましょう。素材は、透け感のないもので、かつシワになりにくいものがおすすめです。

A. ジャケットを1枚用意しておけば、あわてない！

女性の服装、どこからがNG？

一般的によく見られるNGスタイル

- ジーンズ、チノパン、短パン
- ノースリーブ
- 透ける素材
- 華美な装飾（フリルやレースなど）
- 長すぎる／短すぎるスカート丈
- ピンヒール、ブーツ、サンダル

ブーツは、出退社時のみ着用OK。
オフィス内では、パンプスにはき替えましょう。

サンダルは、バックベルトのついているもの。
会社によっては、ナースシューズやサンダル
そのものを禁止しているところもあります。

ピンヒールはNG（音がする、安全や防災上
の問題など）。
ヒールは3〜5cmが適当。

スカート丈は、短すぎや長すぎるのも場違い
です。ひざ丈くらいが理想。

Q.011 財布や名刺はどこに入れたらいい？

名刺は、自分の分身です。大切に扱いましょう。

男性のジャケットには、左胸内側のポケットに名刺を入れる場所があります。

クールビズの時期でジャケットがない場合は、ワイシャツの胸ポケットに入れるとスマートです。ズボンの後ろポケットから名刺を出すと、生温かさが伝わるようで、あまりいい感じがしません。入れる場所には配慮しましょう。

財布は、名刺入れと反対側、右内側に長財布を入れるのにちょうどよい大きさのポケットがあります。ここには、ファスナーやボタンがついていますから、安全な場所ですね。スーツの表にもポケットがありますが、ここには何も入れないほうが見た目もすっきりします。

ズボンのポケットには、パンパンにふくらんで見えるほど物を入れないようにしましょう。特に、財布をズボンのポケットに入れるのは、安全性から言ってもおすすめしません。

女性の場合、名刺は、スーツのポケットに入れず、バッグの中に入れて持ち歩きます。ただ、女性のバッグはポケットが多いですから、名刺を入れる場所をあらかじめ決めておくと、とっさのときにあわてなくてすみます。

社内でお客様と会う場合は、書類などの上に乗せて、名刺入れも一緒に持つのが一般的です。

A. スーツの内ポケットを活用しよう！

身だしなみのQ&A

ポケットの使い方

手帳
その横にペン差し

名刺

長財布

携帯電話は
ここに

表のポケットには何も入れない

パーティのときにチーフなどを入れるとおしゃれ

基本的には物を入れない。このポケットにいっぱい詰め込むと、シルエットが壊れてスマートではない

Q.012 髪の色やヘアースタイルの基準はある?

　髪の色の自由度は、業界によって大きく異なりますが、まずは明るすぎず、自然な色をおすすめします。

　ときどき、入社後に目立つほど髪の色を明るくする人を見かけますが、新入社員のうちは、それだけで目立つことがないようにしましょう。

　男性の場合、髪が長すぎて清潔に見えない人も時折見受けられます。社風に合わない場合は、すぐに上司から注意を受けるはめになります。入社1年目のうちは、個性的なヘアースタイルは避けましょう。

　女性の場合、顔まわりの髪の毛をすっきりさせるとさわやかです。髪でおでこや耳をかくさないようにすると、顔だけでなく気持ちまでも明るく見えます。

　逆に、前髪で眉がかくれていると表情が見えにくくなり、暗い印象を与えてしまいます。

　髪飾りについては、大きなシュシュや華やかな髪飾りは避けましょう。

　また、おじぎするたびに頭を横に振ったり、話をするたびに髪に手を触れたりするクセがある人もいます。職種によっては差し障りのある場合もありますので、注意しましょう。

　長い髪をかき分けながら仕事をする、なんてことがないように、1つにまとめてすっきりさせましょう。

A. 表情をかくさない髪型が基本!

ヘアースタイルの基本

小ぶりで色が目立たない髪飾り

サイドの髪やおくれ毛はたらさない

これはNG
- ツンツンヘアー
- 極端なツーブロック
- 無造作ヘアー
- スキンヘッド
- 長いもみあげ

Q.013 ナチュラルメイクってどのくらい？

　メイクは、派手でもなく、ノーメイクでもなく、ナチュラルなものが好まれます。
　ナチュラルなメイクとは、自然に見えるもので、お化粧をしないという意味ではありません。薄付きのファンデーションであったり、自然なチークだったり、つまり「厚すぎないメイク」のことです。
　新入社員研修ではときどき、教室に数名、バサバサのつけまつげや真っ赤な口紅などで目立つ人が見受けられますが、きっと職場では浮いてしまうでしょう。

　一方、「肌が弱くてメイクができない。どうしたらよいでしょうか？」という質問も受けることがあります。
　そんなときは、眉を整えることと、薄いリップをつけることをおすすめしています。それだけでも十分印象は変わります。
　顔色を明るくし、元気よく見られるような、ナチュラルなメイクを心がけましょう。

　また、一度メイクをしたら１日中そのままで過ごすのではなく、昼食がすんで歯を磨き、口紅をつけるなどメイク直しも忘れないでください。
　ほんのりとした口紅の色は、表情が明るく見え、笑顔不足を助けてくれることもありますよ。

A. 眉と口紅だけでもOK！

メイクの基本

＊眉と口紅だけでも印象は変わる

つけまつげ・アイシャドウが目立つ濃いメイクは、NG

自然なチーク

明るく見える口紅

眉を細くしすぎない

歯はきれいに磨いていますか？

髭はきちんとそっていますか？

Q.014 マニキュアをしてもいい?

　マニキュアは、一部食品業界などで例外はありますが、一般的に一切禁止にしている業界はあまりないようです。

　しかし、どのようなものでもいいというわけではなく、やはり節度が求められます。薄いピンク色や肌色に近い色など、違和感がない色味が無難です。

　一方で、華やかなネイルアートは禁止する業界が増えています。ネイルアートは、好みや個性を発揮するおしゃれとして捉えられがちだからです。

　たとえば、仕事中に上司に資料を手渡すことがあります。指先がキラキラしていたり、爪にお花や蝶がついていたりしたら、上司の目にはどのように映るでしょうか? お客様にお茶を出す機会のある人は、指先が華やかだったら、お客様はどう感じるでしょうか?

　指先は、意外と人によく見られているものです。ささいなところに、その人の仕事に対する姿勢が現われます。仕事よりおしゃれを優先しているような誤解を与えないようにしたいですね。

　研修でときどき、「先輩も華やかなネイルアートをしているから」と言う人がいます。でも、先輩がしているから私もやっていい、という判断基準は、すべての場合に通じるわけではありません。それがマナーとしてよいかどうか、自分で判断する力を育てていきましょう。

> **A.** 薄いピンクやベージュがおすすめ!

手元は仕事への取り組み姿勢が見える

手先は清潔に保っていますか？
（爪の長さ・ネイルアート）

意外と見られている、あなたの手元！

Q.015 アクセサリーをつけてもいい?

　アクセサリーは、職種によって一切つけてはいけないなどの規定がある職場や、規定はなくてもつけない風土が慣習としてあるところがあります。自分の好きなようにするのではなく、あなたの職場に合わせるようにしましょう。

　特に規定がない場合、仕事に支障がないかどうかをポイントに考えてください。

　たとえば、事務職の人が大きなイヤリングをしていたら、電話をとるたびにカチカチ音が鳴り、邪魔ですね。

　また、接客業の人が大きな宝石のついた指輪や、きらびやかなブレスレットをしてお客様に応対したら、お客様は違和感や不快感を抱くかもしれません。食品を扱う職種の場合は、指輪の間に汚れやゴミが入り、清潔ではありませんね。

　さらに、小さな子供を相手にする場合は、危害を与えてしまうこともあります。

　自分の好きなアクセサリーを楽しむのは、仕事が終わってからにしましょう。

　ちなみに香水は、人によって好みが分かれますので、つけないほうが無難です。香りはいつまでも記憶に残るもの。自分では、どんなにいい香りと思っても、他人にとっては気分が悪くなるほど不快な場合もあります。

A. そのアクセサリー、仕事に必要?

アクセサリーや香水は、引き算していこう

・1個にする
・大きすぎると「おしゃれ」感覚に
・揺れるものは、避ける

ブレスレットは、仕事が終わってからつける

練り香水やハンドクリームも、人に香りをアピールするほどつけるのは禁物

仕事中はアクセサリーをシンプルにし、業務が終わってから好みのものをつけると、ONとOFFの区別がついて大人のセンスのよさを感じさせます。

Q.016 夏の汗のニオイを防ぐ方法は？

　研修先で、「汗のニオイは、どうしたらいいですか？」とこっそり相談にくる男性がときどきいます。実際、夏になると、汗のニオイを気にする人は多いですよね。

　最近では、ドラッグストアに汗対策のグッズがいろいろ置いてありますから、一度相談してみるといいと思います。間違っても汗のニオイを香水でごまかさないようにしてください。香水に汗のニオイが混ざると、決して爽快な香りは生まれません。

　ニオイについては、研修先の上司からも相談を受けることがあります。部下にニオイがきつい人がいるが、言ってよいものかどうか……と迷ってしまうようです。

　みなさんだって、上司や先輩のニオイが気になることもあるでしょう。みんな、自分自身のニオイには鈍感ですが、他人のニオイには敏感なものです。お互いに、身だしなみとして気をつけなければいけません。

　もし、自分のニオイについて自覚している場合は、こっそり上司や先輩に「自分でも気をつけたいと思いますが、気になるときはおっしゃっていただけるとうれしいです」とお願いしてみるのもいいかもしれません。

　ちなみに、最近では、駅のホームなどで男性が、制汗シートで体を拭いている様子を見かけるようになりました。これは、大変見苦しいことです。汗のお手入れは、くれぐれも人目につかないところで行ないましょう。

A.　こまめなお手入れを欠かさずに！

汗をかく場所

- 汗をこまめにふきとる
- 汗っかきでニオイが気になる人は、会社にワイシャツの替えなどを準備しておくとよいかも
- お客様宅を訪問する機会が多い人は靴下も用意
- 暑いからといって下着をつけないのは×。下着は汗取りの役目もはたす

ミニQ&A

Q マスクをすることは当たり前ではない？

インフルエンザ対策や花粉症などでマスクをする機会が多くなりました。だからといって他社訪問するときなど、マスクをしたままではよくありません。咳が出るとか風邪をひいているなどの理由があれば、事情を話したうえで相手の承諾を得てから使いましょう。

Q 冬場のタイツはOK？

冬場は、黒のタイツを OK とするところが多いようです。地域の気温差によっても違いがありますので、迷ったら職場の先輩に確認しましょう。

Q 制服にハイソックスはOK？

寒い地域の場合、タイツに重ねて OK という規定のある会社もあります。
しかし、夏でもハイソックスというのは、スマートではありません。基本は、ストッキングの着用が望ましいでしょう。

3章

挨拶のQ&A

> 挨拶の意味

「あいさつ」は、漢字で「挨拶」と書きます。みなさんは、この漢字の意味をご存じでしょうか？"挨"には、「押す、開く、迫る"、"拶"には、「迫る、近づく」の意味があります。ここから考えて「挨拶」とは、「自分の心を開いて、相手の心に近づく気持ちを表わしましょう」ということです。

自分の心を開く挨拶をするには、相手を警戒したり、相手の顔色をうかがって声をかけそびれたりせず、どんな人にでも自分から笑顔で声をかけることが大切です。気持ちが伴っていない形だけの挨拶では、誰の心にも響きません。まずは、どのような相手も受け入れる気持ちを持って、いつも変わりなく、自ら挨拶をしましょう。

上司や先輩が新入社員に期待することは、職場で元気のいい挨拶ができること。はじめのうちは特に明るく、ハキハキと挨拶をすると、職場の人やお客様に名前を覚えてもらいやすくなります。

◆おじぎの基本

挨拶と一緒に必要なのが、おじぎです。ポイントを押さえて、自然にできるように身につけていきましょう。

会釈　　　　　　　敬礼　　　　　　　最敬礼

①姿勢よく立つ

②明るい表情で相手の目を見る

③頭を下げず、腰を折るようなイメージで曲げる
（頭から腰まではまっすぐ）

④腰を曲げたらいったん止め、ゆっくり戻す

⑤明るい表情で相手の目に戻る

	状況	挨拶言葉
会釈	廊下のすれ違い 部屋の入室	失礼いたします かしこまりました
敬礼	来客のお迎え 朝の挨拶	おはようございます いらっしゃいませ ありがとうございます 大変お世話になっております
最敬礼	感謝・お詫びなどの深い 気持ちを表わす場面	誠にありがとうございます 誠に申し訳ございません

Q.017 「今年の新人は、挨拶ができない」と言われるのはなぜ？

　新入社員研修の半年後に再度、研修に行くと、企業の担当者に「今年の新人は挨拶ができていない」と決まって言われます。多くの人が業務を覚えることに必死になり、苦戦している頃です。

　入社当初は意識的に実践していた挨拶ですが、日々の業務を覚えるのに精一杯で、気持ちにゆとりがなくなるのでしょう。そうすると、最初に覚えた挨拶に気が回らなくなってしまうのですね。ほとんどの人が、自分では挨拶をしているつもりなのですが、まわりには挨拶をしているように映っていないようです。

　それがそのまま習慣化しては困りますね。「初心忘るべからず」という言葉があります。挨拶がいつの間にか自己流になっていないか、確認してみましょう。

　上司や先輩は、挨拶もできないような社員になってほしくないという気持ちを持っています。挨拶は、厳しくチェックされていますから、十分に意識して過ごしていきましょう。

A. 挨拶が、相手より出遅れていませんか？

挨拶の基本

● 上司から呼ばれたときの返答例

はい

失礼いたします

お呼びでしょうか

● 入社当初の挨拶例

今年入社した○○部の○○と申します。よろしくお願いします。

- [ ] 背を丸めて下を向いて歩いていませんか?
- [ ] 相手より先に挨拶をしていますか?
- [ ] 笑顔で相手の目を見ていますか?
- [ ] 声は相手に聞こえていますか?
- [ ] 状況に合わせておじぎをしていますか?

Q.018 挨拶が返ってこない相手にも、挨拶すべき?

　こちらから挨拶しても相手から挨拶が返ってこないと、「私は嫌われているのかな?」「何か悪いことをしたのかな?」と悩みますよね。それが毎日のこととなると、「もうこの人には、挨拶するのをやめようかな?」と思ってしまうのも無理のない話です。これは、ベテラン社員の方からもよく聞く悩みです。

　研修で、「みなさんは挨拶をしていますか?」と聞くと、たいていの場合、ほぼ全員が「はい」と言って手を挙げます。一方で、「職場に挨拶をしないと思う人はいませんか?」と聞くと、「いる」と答える人が全体の8割はいます。つまり、自分では挨拶をしているつもりでも、他人から見ると、していないように映る人が少なからずいるということです。

　もしかしたら、あなたが挨拶をしないと思っている人も、実は、自分なりの挨拶を交わしているつもりかもしれません。

　挨拶は「自分なり」ではダメで、相手に伝わらなければ意味がありません。残念なことに、"しているつもり"の人を含め、挨拶をしない人は、どの職場にもいるものです。

　挨拶をしても言葉が返ってこないと、行き場のない気持ちになり、心が折れそうになってしまいますが、せっかく一生懸命に頑張っているあなたは、そんなことでめげないでほしいと思います。相手の行動に左右されることなく、挨拶は続けましょう。

A. めげずに挨拶し続けよう!

挨拶が返ってこなくても続けよう！

● 職場から外出するとき

社内から外に出る人は
「行ってまいります！」

社内にいる人は
「行ってらっしゃい！」

● 外出から戻ってきたとき

外から戻ったら
「ただいま戻りました」

外から戻った人には
「お疲れさまでした」

● 出勤・退社時

「おはようございます」
「お先に失礼します」
「お疲れさまでした」

● ちょっとした場面でも感謝を

「ありがとうございます」
がたくさん言えると
GOOD!

Q.019 目上の人への挨拶は「ご苦労さま」?「お疲れさま」?

「ご苦労さま」は、立場が上の人が、下の人の労をねぎらう言葉と解釈され、上司に対して使うのは失礼、という見方が一般的です。

実際に職場で先輩に「ご苦労さま」と挨拶をしたら、叱られたという話はたくさん聞きます。

もし上司に「ご苦労さま」と言われたら、「ありがとうございます」、または、「恐れ入ります」と言っておじぎをしましょう。上司からのねぎらいの言葉に対して、まず感謝の気持ちを伝えると気持ちがよいものです。

ちなみに、「おはようございます」の挨拶は、芸能界や飲食店などでは時間帯に関係なく、1日の初顔合わせのときに言うところもあります。

学生時代のアルバイト先の挨拶にすっかり慣れてしまっている人もたくさんいるかと思いますが、職場では、どのような挨拶言葉を使っているか、観察しましょう。すれ違い時に「お疲れさまです」と、ねぎらいの言葉をかけている会社も少なくありません。できるだけ早く、職場の慣習に慣れていきましょう。

A. 目上の人に「ご苦労さまです」はNG!

「ご苦労さま」「お疲れさま」の使い分け

ご苦労さま？
お疲れさま？

アルバイト先では、夜でも「おはようございます」って言ってたけど……

目上の人に「ご苦労さま」は使わない！

✗「ご苦労さまです」
↓
○「お疲れさまです」

✗「お世話さまです」
↓
○「お世話になっております」

✗「お待ちどうさまです」
↓
○「お待たせいたしました」

お疲れさまです

社内のねぎらい言葉を知ろう！

「お疲れさまです」は、疲れた人を敬う気持ちや、お互いが気をつかって使う言葉。しかし、朝から「お疲れさまです」はどうでしょう？儀礼的にならず、その場に合った挨拶言葉がGOOD！

Q.020 社長と社内ですれ違ったとき、何て挨拶をすればいい？

　廊下で社長や役員に会った場合、いったん立ち止まっておじぎをするのが基本です。挨拶に決まりはありませんが、相手に敬意を払い、立ち止まって丁寧に頭を下げ、にこやかに挨拶ができると印象がいいですね。
　社長や役員にめったに会うことがない職場の場合、入社したての頃は、「私は、新入社員の○○課の△△です。よろしくお願いいたします」と自己紹介を兼ねた挨拶をしてもいいでしょう。

　大勢の人がいるエレベーターの中で社長や役員に会った場合は、にこやかに会釈をしましょう。
　社長がお客様と廊下を歩いていてすれ違ったら、廊下の端に立ち止まっておじぎをすると、けじめのある人と映ります。

　社長や役員と会う機会が少ない場合は、顔を覚えていないとすれ違っても気づくことができません。役員の名前や顔は事前に把握しておきましょう。

A.　言葉が出なかったら、まずはおじぎを！

会う機会が少ない社長や役員への挨拶

● 会う機会が少ない社長や役員であれば……

廊下ですれ違ったら端のほうによって会釈をする

● エレベーターに乗り合わせたら会釈をする

● 降りるときは

　・社長と2人だけだったら → 「お先に失礼いたします」
　・他の人も一緒の場合　 → 「会釈」をして降りる

Q.021 笑顔が苦手。どうしたらいい？

　新入社員研修の際、休憩時間に、そっと私のところに来てこう質問をした男性がいました。
「いつも笑顔がなく、『こわい』と言われてしまう。でも、どういうふうにしたら笑顔が出せるのか、わからない」
　そこで、私はこのように尋ねてみました。
「好きな動物はいますか？　どんなときがかわいいですか？」
　すると、彼は自分が飼っている犬のことをニコニコしながら話し始めたのです。「いい笑顔が出ていますよ！」と言ったら、彼は「ああ、そうか！　好きなことを話しているときは笑顔なんだ！」と気がついたようです。
　私は、「誰にでもいいところがあるし、嫌な面もあるかもしれないですね。自分も同じじゃないかな？　人のいい面を見て仕事ができたらいいよね？」と話しました。
　半年後の研修で、その彼に会って驚きました。表情がかたくて消極的だったのに、資料を自ら配布し、積極的に動いているのです。思わず「○○さん、変わりましたね」と本人と上司に伝えると、「そうなんですよ」と上司もうれしそうでした。
「笑顔ができない」つらさから、きっと人間関係にも苦労してきたのでしょう。その課題がわかっているからこそ、何とかしなければならないという気持ちで、真剣に取り組んだのです。入社半年でそのことに気づき、実践できた彼は、笑顔をきっかけに仕事においても成長をとげていました。

A.　プラス思考が笑顔をつくる！

自然な笑顔のコツ

つくり笑いは見抜かれる。
お手本は赤ちゃんの笑顔！

笑顔＝目＋口元＋心

笑顔は心が笑うこと。そのためには、相手や物事の気に入らない点から見ないで、よい点を見るようにすること。

ミニQ&A

Q 社内に知らない人がいたら？

社内に知らない人がいても、関係ないという顔をしてしまいがち。でも、ここは率先して挨拶を交わしましょう。もし、どこかを探しているようなら「失礼ですが、どのようなご用件でしょうか？」と尋ねて、できるだけご案内して取り次ぎましょう。

Q 面識がない他部署の人への挨拶は？

外部の人でも他部署の人でも、挨拶を交わしましょう。
自分から「おはようございます」「お疲れさまです」と声をかけてみましょう。

Q エレベーターの中で久しぶりに同期と会ったら？

エレベーターの中で久しぶりに知り合いに会っても、キャーキャー言わないようにしましょう。
特に、同期に会うと仕事の話をしたくなりますが、会話には気をつけましょう。
情報が漏れやすいのは、エレベーターやトイレなどの密室です。誰も聞いていないと思っても、ふとしたときに知り合いに出くわします。注意！

4章

言葉づかいの Q&A

言葉づかいの意味

「自分の気持ちを伝えようとするけど、うまく伝わらなくて……」「説明をすればするほど言い訳っぽくなっていって……」など、悔しい思いを誰でも一度や二度は経験するものです。
言葉づかいの「つか（遣）い」は、「気づかい」「心づかい」という意味があります。相手に自分の意思を伝える道具として言葉を「使う」のではなく、相手への気づかいや心づかいが伝わる表現を考えていきましょう。

◆ 敬語をマスターすれば武器になる

まずは、尊敬語・謙譲語・丁寧語の区別をつけましょう。

- **尊敬語……相手の所作・動作や行為、持ち物などを高めることにより、敬意を表わすよう表現する**
    - ①言葉を言い換えて表現する
    - ②お・ご＋〜になる・なさる・くださる
    - ③動詞＋れる・られる

- **謙譲語……自分や自分の身内の動作や行為、持ち物などでへりくだった表現をする**
    - ①言葉を言い換えて表現する
    - ②お・ご＋する・いたす
    - ③お・ご＋いただく

- **丁寧語……物事を丁寧に述べ、相手に敬意を表わす表現**
    - ①「です」「ます」「ございます」の表現

● 美化語……「お」「ご」をつける表現

例
花　　→　お花
名前　→　お名前
検討　→　ご検討

尊敬語		謙譲語
いらっしゃる お出でになる	行く	参る うかがう
いらっしゃる お越しになる お見えになる	来る	参る うかがう
いらっしゃる	いる	おる
なさる	する	いたす
お聞きになる	聞く	お聞きする うかがう 拝聴する
おっしゃる	言う	申す 申し上げる
ご覧になる	見る	拝見する
ご存じ	知る	存じ上げる 存じる
召し上がる	食べる	いただく

Q.022 どうしたら敬語が うまく使えるようになる？

　敬語にコンプレックスがあると、口数が少なくなるものです。だからといって上司やお客様とコミュニケーションをとるのが億劫になっては残念です。逃げたりあきらめたりしないで、真剣に取り組んでいけるかどうかが、敬語が上手に使えるようになるかどうかの分かれ道です。

　残念ながら、ラクして敬語上達の特効薬はありません。敬語が自然に使えるようになるためには、日頃から意識的に敬語を使い、間違いを指摘されたら素直に感謝し、正しく覚えていくという地道な努力が実を結びます。まずは、①尊敬語と謙譲語の区別をつける、②敬語が苦手な人は、「です」「ます」と語尾を整えることから始めましょう。職場の先輩に「敬語の使い方に間違いがあったらご指摘ください」とお願いしてみるのも1つの方法です。指摘にめげずに頑張って改善していけば、1年後には自分でも驚くほど上達しているでしょう。

　来年はまた、新入社員が入ってきます。きっと同じような気持ちで戸惑いがあるでしょう。そのときに、今度はみなさんが教えてあげられるようになっているといいですね。

　上達のポイントは、まず基本をマスターし、間違いを覚悟で日常的に使っていくことです。入社してしばらくの間は、まわりも大目に見てくれますから、今のうちに徹底して使い、慣れていきましょう。

A.　失敗を恐れず、日常的に敬語を使って慣れること！

敬語の基本

● 間違いやすい敬語

✘「○○様が申されましたように」	○「おっしゃいましたように」
✘「あちらでうかがってください」	○「お尋ねください」
✘「お連れ様が参りました」	○「いらっしゃいました」
✘「どちらにいたしますか」	○「なさいますか?」
✘「○○様、おられますか?」	○「いらっしゃいますか?」
✘「○○様でございますね」	○「いらっしゃいますね」
✘「お昼ご飯は、お召し上がりになられましたか」	○「召し上がりましたか?」
✘「応接室になります」	○「応接室でございます」
✘「使い方の説明、お聞きしますか?」	○「お聞きになりますか?」
✘「お電話番号いただけますでしょうか?」	○「うかがえますでしょうか?」
✘「課長は外出されております」	○「外出しております(お客様に対して)」

Q.023 敬称の使い分け方は？

　敬称の使い方を間違えて、恥ずかしい思いをしたという人はいませんか？　たとえば、外部の人に、自社の上司について「○○課長は、ただいま、外出されています」などと言ってしまうのは、そんなに珍しいことではありません。

　このようなときは、「課長の○○は、ただいま外出しております」というのが正しい言い方です。

　社外の人に社内の人のことを話すときは、敬称はつけないということを覚えておきましょう。自分の上司であっても、「○○は」と名字を呼び捨てにします。役職をつけるのであれば、「課長の○○は」です。

　さらに上の例では、社外の人との会話で、社内の人間に対して「外出されています」と尊敬語を使っているのもNGです。

　では、社外の役職名の呼び方は、どうしたらよいのでしょうか？　取引先の役職名は、「○○部長」か「部長の○○様」です。役職名は敬称なので、「部長様」のように役職に「様」をつける必要はありません。
「○○部長」は呼び捨てにするようで言いにくいと思ったら、「部長の○○様」と言えばいいですね。

　また、会社の呼び方も覚えましょう。社外の人との会話では、自社のことは「弊社」とへりくだった言い方をします。外部の会社は「御社」が一般的です。

A.　役職に「様」などの敬称はつけない！

社内と社外の敬称の使い分け

● 間違いやすい敬称の使い方

①社外の人に社内の上司のことを話すときは、呼び捨てにする
✗「田中部長は」

○「部長の田中は」または「田中は」

---

②役職に「さん」「様」はつけない
✗ 山田課長さん、いらっしゃいますか?

○「課長の○○様」「山田課長」

● 会社の呼び方

・**弊社**……へりくだった言い方。社外に使う。
　例:「弊社の事情によりまして……」
　　　※「わたくしども」に置き換えると優しく響く。

・**当社**……社内・外で自社を表現するときに使う。
　例:「当社(わが社)の本年度の実績は……」

・**御社**……相手の会社に対して使う。
　例:「御社の製品は……」と取引先と話すときなど。

Q.024 上手なあいづちの打ち方は？

みなさんは、友達と会話をするとき、どのようなあいづちを打っていますか？「そうだね」「うん」「どうして？」などと言っていると思います。このようなあいづちがあるから、話が弾んだり、ふくらんだりするのですね。

これは、ビジネスでの会話も同じです。基本は「はい」ですが、そればかりだと話が進みにくいですね。

他によく使われる言葉は、「ええ」「そうですか」「そうですね」といった反応があります。ときには「へぇー」と、思わず目を丸くして反応することもあるでしょう。これは自然な流れであれば失礼ではありません。むしろ、「はい、はい、はい」「ええ、ええ、ええ」など、同じあいづちばかりだと話が進みにくい場合もあります。

ちなみに、注意すべきあいづちもあります。たとえば、「なるほど」「確かに」というあいづちを頻繁に使うと、場合によってはえらそうに聞こえたり、相手の話を聞いていないように映ってしまいます。お客様や上司、先輩には使わないようにしましょう。「私もそのように思います」「そうですか」などと言い換える工夫が必要です。

なお、「なるほどですね」というあいづちもよく耳にしますが、「なるほど」に「ですね」を付け加えても、決して丁寧な表現にはなりませんので、注意しましょう。

A. あいづちのバリエーションを知っておこう！

いろんなあいづちを使おう

● あいづちの打ち方

- 相手の会話のスピードに合わせて反応を示す。
- 声に出さなくても、目を見て細かくうなずいたり、深くゆっくりうなずく。「うなずく」とは、頭を自然に縦に動かす動作。

✗

お客様 「この前の連休、家族で旅行に行ったんですよ」
あなた 「はいっ」
お客様 「北海道なんですけどね」
あなた 「はいっ」
お客様 「……」

○

お客様 「この前の連休、家族で旅行に行ったんですよ」
あなた 「いいですね! どこに行かれたんですか?」
お客様 「北海道なんですけどね」
あなた 「そうですか。北海道はいかがでしたか?」
お客様 「まだ雪が残っていましたよ」
あなた 「えっ! まだ雪が残っているんですか」
お客様 「でも、食べ物はおいしいし、みんな大満足でしたよ」
あなた 「うわぁ、最高ですね!」

POINT

- 相手の話を受け入れる→「はい」「そうですね」
- 同意する→「私もそう思います」「へえ、いいですね」
- 会話の展開→「それから、どうなさったんですか?」
- 内容を確認する→「○○ということですね」

Q.025 上司やお客様に「了解です」は間違い？

「了解です」という表現は、上司に使うことに、問題ないとする人、おかしいのではないかという人など、意見がさまざまあり、人によって受け止め方が違っているようです。簡潔なので、ぶっきらぼうな表現と見られるのでしょう。

同じ言葉でも受け止め方が違うのであれば、ビジネスシーンでは誤解を避け、別の表現にしたほうが無難です。
「了解」という言葉そのものは、無線通信でよく使われるように、内部の業務連絡のやりとりに使うもの、と考えるのが一般的です。最近は、日常会話でもよく聞くようになりましたが、以前はあまり使われていなかったので、年配の人には違和感を感じる人が多いようです。

「了解です」を別な言い方で表現してみると、「わかりました」「かしこまりました」「承知しました」などが妥当でしょうか。

でも、先輩に「承知しました」はかたすぎるし、上司に「わかりました」ではくだけすぎですよね。言葉は、相手との関係性によって変わっていきます。

同僚なら「了解」でもよいでしょう。先輩なら「わかりました」、上司やお客様には「かしこまりました」「承知しました」など、使い分けができるといいですね。

A. 相手別・場面別で使い分けよう！

上手に言葉を使い分けよう

状況	先輩	上司・お客様
意思表示をするとき	わかりました。	かしこまりました。
お願いするとき	よろしくお願いします。	よろしくお願いいたします。
わからないことを聞くとき	すみません。わからないことがあるのですが、お時間あるときに教えていただけませんか？	申し訳ございませんが、お尋ねしたいことがあります。お時間を少々いただけませんでしょうか？
どうしたらよいか迷ったとき	すみません。これはどうしたらよいでしょうか？	恐れ入ります。こちらはどのようにいたしましょうか？
明日、必要書類を持ってくるように依頼されたとき	はい、明日持ってきます。	はい、かしこまりました。明日持ってまいります。

Q.026 お客様に名前などを尋ねるときに、失礼のない言い方は？

　電話をかけたときに「お名前は？」と何度も聞かれてムッとした経験はありませんか？

　人に名前や住所を、いきなりぶしつけに聞かれたら戸惑いますね。相手への配慮を表わすためには、クッション言葉を活用し、語尾を丁寧に整えましょう。

　何かを尋ねるときや、断るときの会話の最初にクッション言葉を使うと、次に何を言われるか予測がつき、心の準備ができます。戸惑いが少なくなる優しい表現方法ですね。たとえば「失礼ですが……」と言われれば、何か個人的なことを尋ねられるな、と覚悟ができます。

　また、何か依頼をしたときに「申し訳ありませんが……」と言われれば、希望が叶わないことを予知させてくれます。聞き手にとっては、いきなり直球で断られるより、素直に受け入れやすくなります。

　クッション言葉は、学生時代には使う機会が少なかったので慣れない人も多いでしょう。たとえば、書類の記入をお客様に依頼するときは、「失礼ですが、こちらにご記入いただけますか」よりは、「お手数をおかけしますが……」と言ったほうがふさわしい選択です。クッション言葉の使い方を間違うと滑稽に聞こえることもありますから、正しく使いましょう。

A. クッション言葉を上手に活用！

丁寧なお願いの仕方

クッション言葉

- 恐れ入りますが
- 申し訳ございませんが
- 失礼ですが
- お手数ですが
- ご足労をおかけしますが
- さしつかえなければ
- よろしければ

語尾を依頼形に

- お願いできますでしょうか?
- お待ちいただけますでしょうか?
- ご連絡いただけますでしょうか?

✗「お客様、お名前は?」
↓
○「失礼ですが、お名前を教えていただけますか?」

✗「ペン貸してください!」
↓
○「恐れ入りますが、ペンをお借りできますか?」

✗「こちらにご記入ください」
↓
○「お手数ですが、こちらにご記入をお願いできますか?」

 「お名前を頂戴できますか?」
→ 名前はさしあげられません!

Q.027 お客様の意向に そえないときは？

　人に何かを尋ねたとき、いきなり「わかりません」「知りません」と言われて困ったり、不愉快に感じたりした経験はありませんか？

　大切なのは、相手の気持ちにそえない答えであっても、何かの手助けになる言葉を伝えることです。調べればわかるのか、先輩に聞けばわかるのか、解決できるまでの時間がどれくらいかかるのか、などが伝えられたらいいですね。

　会社にはルールがあり、お客様の意向にそえないときもあります。こんなときこそ事務的に冷たく断らず、「ご期待にそえず、申し訳ございません」と心からお詫びの気持ちを表情や態度、そして言葉で表現できるようになりましょう。あなたの人柄が伝わる場面です。

　ときには、お客様の勘違いで会社とまったく関係ない問い合わせが入ることがあります。そんなときもわかる情報があれば教えてさしあげましょう。会社の利益にはならないことでも、お客様は何かのときにあなたの応対を思い出し、あなたの会社を高く評価してくれるでしょう。

　お客様の意向にそえないときこそ、誠実な応対を思い出してください。

A.　心からのお詫びの気持ちを表現しよう！

「答えがわからないとき」「できないとき」の言い方

できないことや知らないことでも、それをストレートに言われると、人は不愉快になるものです。否定的な表現を使わないように別の表現に言い換えてみましょう。

わかりません　　　　　　わかりかねます
できません　　　いたしかねます
ありません　　　　　　　ただいま切らしております
いません　　　　　　　　ただいま席を外しております

 「わかりかねます」「いたしかねます」で終わると、かえって冷たい印象を残しますから、その後に提案を加えましょう。

● クッション言葉＋丁寧に表現＋提案

✗「わかりません」
○「申し訳ございませんが、私にはわかりかねますのでわかる者に聞いてまいります。お待ちいただけますでしょうか？」

✗「責任が持てません」
○「大変恐縮ですが、こちらにお荷物を置かれますと、私共では責任を負いかねますので、ご自身でお持ちいただけますか？」

✗「ありません」
○「誠に申し訳ありませんが、ただいま○○は、切らしております。△△でしたらございますが、いかがでしょうか？」

✗「できません」
○「残念ながら、私どもといたしましては、できる限りのことを精一杯させていただきましたが、これ以上は難しい状況でございます。なにとぞ、ご理解をよろしくお願いいたします」

Q 若者言葉を使っていませんか?

お店で、「こちらの書類のほうをお客様のほうに郵送のほう、してもよろしかったでしょうか?」などと確認されることがあります。この場合、「のほう」はすべて不要です。また、「よろしかったでしょうか」と過去形にはしません。「よろしいでしょうか」と承諾を得る表現にしましょう。

他にも、若者言葉、流行言葉になっていないか、チェックしてみてくださいね。

「パンフレットになります」 ──→ 「パンフレットでございます」

「1000円からお預かりします」 → 「1000円ちょうどお預かりします」

「私的には」 ──→ 「私としましては」

「めっちゃうれしいっす」 ──→ 「とてもうれしいです」

Q 「大丈夫です」と言っていませんか?

お客様に「次回は、○月○日頃にお願いしたいと思っていますが、いかがでしょうか?」と尋ねられたとき、「大丈夫です」と答えていませんか? このような場合は、「○日で問題ありません。よろしくお願いします」と言えるといいですね。

5章

電話応対のQ&A

電話は習うより慣れろ

入社後、最初の仕事は、電話応対という会社は少なくありません。みなさんにとって、お客様の名前や取引先の会社名もわからないのに、電話に出るなんてとても勇気がいることですね。

でも、電話は失敗なくして上達しません。最初の頃は先輩も手助けしてくれるはずですから、勇気を持って失敗を恐れずに電話をとりましょう。電話応対の一歩は、ここから始まります。10回電話に出れば、ずいぶんラクになりますよ。

◆ 会社のルールを確認する

会社では、電話の出方や取り次ぎ方法についてルールを設けている場合がありますので、確認しましょう。

- 呼び出し音のコール回数
- 会社の電話機の使い方
- 社名の名乗り方
- 電話の取り次ぎ方

◆ 電話のかけ方

①相手が出たらまず自分の名前を名乗る
「私、○○会社の○○と申します。お忙しいところ恐れ入りますが、△△課の△△様をお願いいたします」

②要件を伝える相手が出たら挨拶をする
「○○会社の○○と申します。いつも大変お世話になっております」

③要件を伝える
- 日時・数字などの重要事項については、確認を（5W2H）
- 相手が不在の場合「△△様にお伝えいただきたいのですが、お願いできますでしょうか」

④クロージングの挨拶
「ありがとうございました」「よろしくお願いいたします」

◆ 電話の受け方

①会社名を名乗る
「おはようございます。○○会社の○○（自分の名前）でございます」

②相手の会社名と名前を復唱し、挨拶をする
「△△会社・企画部の△△様でいらっしゃいますね。いつもお世話になっております」

③名指し人の名前を確認する
「課長の山田でございますね。少々お待ちくださいませ」

Q.028 電話の声が暗いと言われた。どうしたら明るくなれる?

　普段は明るく話をしているのに、受話器をとったとたんに急に声が暗くなり、印象が変わってしまう人がいます。

　そんな人はまず、受話器を持つ姿勢を振り返ってみてはいかがでしょうか。ひじをつき、背を丸くして、下を向いて話をしていませんか? 姿勢を直すだけでも、声のトーンは驚くほど変わります。明るい声をまっすぐに出すためには、背筋を伸ばし、のどをしめつけないようにアゴを上げましょう。

　また、メモ用紙は、目の真下ではなく、10〜15cm先に置きます。自然に背筋が伸びて、声も無理なく出せるようになりますので、一度試してみてください。

　電話に出るときの表情も大切です。笑顔は出ていますか? 相手に顔が見えていなくても、笑顔を心がけましょう。なぜなら、笑顔がなくなると声のトーンが下がるからです。

　あなたは通常、対面で会話をする場合、どれくらいのトーンで話をしているでしょうか? まず、「おはよう」と言ってみてください。次にそのトーンを3音くらい上げる意識で、「おはよう」と言ってみましょう。たとえば、「ド」の発声音を「ミ」に上げる意識です。

　電話には、この3音上げたトーンで出るようにしてみてください。「どんな人かな? 一度会ってみたいな」と思ってもらえるような電話応対を目指しましょう。

A. **ポイントは背筋と表情!**

電話応対は、正確に・迅速に・感じよく

電話が鳴ったら、まずにっこり笑顔になって、社名と名前を名乗り、挨拶を交わす

メモ用紙は、少し遠くに置く。すぐに書けるようにペンも用意しておく

背筋をピーンと張って、下を向かない

受話器は利き手と反対側の手でとる。利き手は、ペンを持つ

対面とは違う電話の特性

- 顔が見えない
- 一方的な会話になりやすい
- コストがかかる
- 記録性がない

Q.029 会社の電話では「もしもし」と言わない?

　友達から自分の携帯電話に電話がかかってきたら、まず「もしもし」と出る人が多いと思います。しかし、会社の電話は、第一声で「もしもし」と発声することはほとんどありません。
　電話が普及されて間もない頃は、相手の声が非常に聞こえにくかったようです。そのとき、「申す、申す」と声かけをしたことから、電話に出るときに「もしもし」と言うようになったそうです。
　しかし、現代の電話機は、4m四方の音を拾うと言われるほど機能がよくなり、いちいち呼びかける必要がなくなってきました。この過程で、第一声の「もしもし」は、「おはようございます」「ありがとうございます」などの挨拶に変わってきたのです。

　それでも電話で「もしもし」と言う文化は根強く残り、呼びかけの言葉として使われています。
　たとえば、会話の途中で相手の反応が途切れた場合や、聞こえているのかどうか不安がよぎった場合などに「もしもし」と呼びかけることがありますね。今は、相手にこちらの会話が聞こえているかどうかを確認するために使われていると思ったらよいでしょう。

A.　会社の電話は「もしもし」と出ない!

名乗りの挨拶の例

「おはようございます」
「はい」
「ありがとうございます」
「お電話ありがとうございます」
「いつもお世話になっております」

「会社名
＋（部署名）
＋○○（名前）
でございます」

「お世話になっております」はビジネスの決まり文句。

 もしもし、○○会社ですが……

● 「もしもし」は、呼びかけの言葉として使用することがある

- 「聞こえてないのかな？」と思ったとき
- 「あれ？　わかりにくかったかな？」と感じるとき（相手がふいに無言になったとき）
- 「ん？　聞いている？」と感じたとき
- 「どうしたんだろう？　急に声が途切れたなあ」と感じたとき　など

Q.030 会社名が聞き取れなかった場合、何度まで聞き直せる?

　新人にとって、電話応対が恐い理由のひとつに、「会社名が聞き取れなかったら、どうしよう」という不安があります。

　二度までは社名を尋ねても、それ以上は聞けない、とみなさんはよく言います。しかし、ビジネスは、社名や名前がわからないと仕事になりません。聞き取れるまで尋ねましょう。

　とは言うものの、一度目は「申し訳ありませんが、もう一度お名前を教えていただけますか?」と言えても、二度も三度も同じ言葉では聞きにくいものですね。そのようなときは「何度も申し訳ありませんが、もう一度教えていただけませんか?」など、言葉のバリエーションがあると聞きやすくなります。

　会社名が長いような場合は、「○△クリエイティブ……?」などと自分が聞こえたところまで繰り返し、その後をお客様に続けて言っていただくのもよいでしょう。

　また、会社名を聞くことに必死になっていると、名前の確認を忘れがちになります。「会社名と名前」はセットで、聞き逃さないように日頃から意識しましょう。

　お客様の声が小さく、会話のスピードが速い場合は、「お電話が少々遠いようですが……」と言って、もう一度聞きましょう。あなたがゆっくり、はっきりと話をすることで、相手も同じペースになります。

　このとき、「お声が小さいようですが」などと相手を責めるような言い方は、避けたほうが無難です。

> **A.** わかるまで聞いてOK!

社名や名前の聞き直し方

● 一度目

申し訳ございません。
お電話が少々遠いようですが……

● 二度目・三度目は

申し訳ございませんが、もう一度お名前をお尋ねしてもよろしいでしょうか?

何度も申し訳ありません。〇〇会社の……?

ゆっくり繰り返す

● 聞き取れたら……

ありがとうございます。
何度もお尋ねして失礼いたしました。

Q.031 電話をかけるとき、こちらから先に名乗るべき？

　個人のお客様に電話をかけたとき、「○○様のお宅でしょうか？」と聞いたら、「電話をガチャンと切られた」とか、反対に「どちら様ですか？」と聞かれ、あわてて名乗った、という体験談を話してくれた受講生がいました。

　個人のお客様は、「もしもし」と言うだけで、名字を名乗らない人が増えています。それもそのはず、知り合い同士は、携帯電話でやりとりすることが多くなってきました。携帯電話なら、相手の名前が表示されるので、誰からかかってきたのか、すぐにわかります。

　一方、自宅の固定電話に知らない番号からかかってくる電話には、振り込め詐欺などに用心するために名乗らない人が多くなってきているのです。

　このような背景がありますので、個人のお客様にかけた場合は、こちらから先に名乗ることを忘れないようにしましょう。

　一方で、他企業に電話をかける場合は、相手が名乗り終えてから、会社名と自分の名前を伝えて挨拶を交わします。

　名指し人に取り次いでもらった場合、先方が名乗った後に再度、会社名と名前を伝えて挨拶をしましょう。

　電話をかけたら、まず気持ちよく挨拶を交わすことで、和やかな会話のスタートを切ることができます。

A. かけ手から名乗るのが正解！

個人宅と会社への電話の違い

● 個人宅の場合

お客様「もしもし」
あなた 「○○会社の○○と申します。△△様のお宅でしょうか?」
お客様「はい、そうです」
あなた 「いつもありがとうございます」

● 会社の場合

他社 「××会社の××でございます」
あなた「○○会社の○○と申します。いつもお世話になっております。恐れ入りますが、△△課の△△様はいらっしゃいますでしょうか?」

▶ 名指した相手があなたの名前を先に言った場合

名指し人「○○と申します。△△様でいらっしゃいますね。いつもお世話になっております。」
あなた 「こちらこそお世話になっております。○○でございます」

▶ 名指した相手があなたの名前を言わない場合

名指し人「△△と申します」
あなた 「△△様、いつもお世話になっております。○○会社の○○でございます」

Q.032 新規営業の電話をかけたとき、担当者が留守だったら？

　今までお付き合いのなかったお客様に、これからお付き合いをしていただくことを目的に電話をする状況では、いろいろと気をつけなければならないことがあります。

　お客様にとって日常業務で忙しい中、新規営業の電話に出ることは、とてもわずらわしいことです。だからこそ、丁重に応対をする必要があります。

　先方の担当者が不在だということがわかったら、あなたは「恐れ入ります。○○様は、何時頃にお帰りでしょうか？　それでは、こちらから改めてご連絡をさしあげます。どうぞよろしくお願い申し上げます。ありがとうございました」と感謝の言葉を述べて電話を切りましょう。

　新規のお客様で担当の方が不在の場合、こちらから改めてかけ直すことが基本です。最初のアプローチを間違えると、改めてお客様とご縁を持つことは難しくなります。お客様の立場を考え、対応方法を間違わないようにしましょう。

　万が一、お客様から折り返しの電話があった場合は、「こちらからお電話すべきところ、ご連絡いただきましてありがとうございます」と、まずお礼を述べることを忘れないでください。

A. こちらからかけ直すのが基本！

新規のお客様に電話をする場合

お客様「はい、○○会社の○○です」

あなた 「私、△△会社の△△と申します。恐れ入ります。営業部の○○様はいらっしゃいますでしょうか?」

お客様「○○は、ただいま外出しておりますので、戻りましたら、こちらからご連絡いたしましょうか?」

あなた 「ありがとうございます。恐れ入りますが、何時頃にお帰りでしょうか?」

お客様「午後4時頃の予定です」

あなた 「それでは、こちらから改めてご連絡させていただきます。よろしくお願いいたします。ありがとうございました」

上司に報告

あなた 「失礼します。いま、お時間よろしいでしょうか?」

上司 「ああ、いいよ」

あなた 「先ほど、○○会社の○○様にご連絡しましたが、外出中でした。4時頃にお帰りとのことですので、その頃にまたご連絡いたします」

Q.033 電話の名指し人が不在だったら？

　お客様から電話がかかってきたとき、担当者が電話中、離席している、外出中などで不在ということは、よくあることです。そんなときの基本的な対応方法を心得ておきましょう。

　担当者がすぐに電話に出られないということは、お客様にとっては残念なことです。「電話中です」「外出していますが」ではなく、思いやりと配慮のある言葉を工夫しましょう。

　休みや外出などの状況だけをただ伝えるのではなく、積極的な提案までできるような応対を目指したいものです。

　ポイントは、①クッション言葉を活用すること、②状況（電話中・外出中など）を伝えること、③その後に自分ができることを提案することです。

【電話中】　「申し訳ございませんが、山田はただいま他の電話に出ております。終わりしだい、こちらからおかけ直しいたしましょうか？」

【離席中】　「申し訳ございませんが、山田はあいにく席を外しております。間もなく戻りますので、戻りしだいご連絡いたしましょうか？」

【休み】　「申し訳ございませんが、本日は休みをとっております。よろしければ、代わりにご用件をおうかがいいたしましょうか？」

A. 「不在で申し訳ない」という気持ちを忘れずに！

不在時の取り次ぎ対応の例

申し訳ございませんが、××はただいま、席を外しております。
10時頃には戻る予定でございます。
よろしければご伝言を承りましょうか?

**名指し人の状況を伝える。
戻りの時間を伝えると親切**

> ありがとうございます。
> それでは、○○の件で……

承知しました。○○の件で……ということでございますね。
それでは、××に申し伝えます。

相手の用件の復唱

> よろしくお願いします。

念のため、お電話番号をお尋ねしてもよろしいでしょうか?

連絡先を聞いておくとよい

> はい、xx-xxxx-xxxxです。

それでは、念のため復唱いたします。
お電話番号はxx-xxxx-xxxx、○○会社の○○様ですね。

復唱

> はい。

ご連絡ありがとうございました。私、□□が承りました。

**挨拶＋自分の名前を伝える
（責任の所在を明確にする）**

> では、よろしくお願いします。

失礼いたします。

相手が切ってから切る

Q.034 伝言メモを残すときのポイントは？

　電話応対で指名された人が不在の場合、伝言メモを残しましょう。
　担当者は、あなたのメモを見て、先方への連絡や事務処理を行ないます。伝言メモで正確な情報を伝えることが大切です。ポイントは、次のとおりです。
①相手の「会社名・担当者名・連絡先」を聞き忘れないようにします。
②用件は、内容を理解しないと書けません。復唱をしながら正確に聞き取りましょう。
③伝言メモは、もらった人がひと目でわかるように、簡潔に書きましょう。文章を長々と書かず、箇条書きにするとわかりやすいでしょう。
④お客様の曖昧表現は明確にします。たとえば、「明後日の件で」は、「〇日の件でございますね」と日にちで確認します。

　伝言メモは、机の上にポンと置いて、他の書類にまぎれ込んだりしないように、目に触れやすい位置に置きます。飛んでしまわないような工夫もしてください。
　担当者が帰社したら、「電話がありましたので、机の上にメモを残しました。よろしくお願いします」と伝えると、間違いないでしょう。

A. 伝言メモは、ひと目でわかるように！

伝言メモの残し方

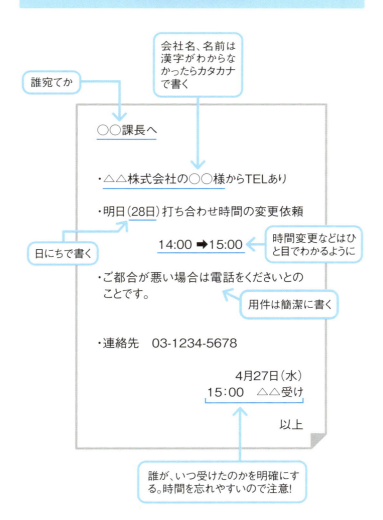

Q.035 先輩に電話を取り次いだとき、なかなか電話口に来なかったら？

　先輩に電話を取り次いだのに、上司との立ち話が全然終わらず、なかなか電話に出てもらえない。お客様を待たせることになってしまい、ハラハラする、なんてことがあります。

　こんなときは、取り次いだあなたは、先輩がすぐに電話に出られそうかどうか、先輩の様子を把握して、電話を待っているお客様に中間報告を入れましょう。電話に出るまでに時間がかかる場合は、「お待たせして申し訳ございません。少し時間がかかるようですが、こちらから折り返しご連絡いたしましょうか？」と言って、いったん電話を切るとよいでしょう。

　これは、電話の向こうで、お客様を長い時間待たせないための配慮です。状況に合わせた応対ができると、お客様はイライラしないですみます。

　後ほどこちらからかけることになった場合は、いち早くそのことを先輩に伝えましょう。また、それでもお客様から「急いでいるので、すぐに取り次いでほしい」と言われたら、先輩のところにメモを持って、急ぎのお客様であることを伝えます。

　取り次ぎ者であるあなたの仕事は、先輩が電話に出るまで終わっていません。先輩が電話に出て、ようやくあなたの仕事が終了します。受話器を上げたまま平気で何分も待たせることがないように、気をつけてください。

A.　先輩が出るまでが電話の取り次ぎ！

電話の取り次ぎの仕方

> **基本**
>
> ①保留ボタンを押す
> ②「○○社の○○様からお電話です」

● 名指し人が返答したのになかなか出なかったら

- 再度、名指し人に伝える。

- 名指し人が離れた場所から電話口に向かっている場合
  → 「申し訳ございません。ただいま、こちらに向かっております。このままお待ちいただけますか?」

- 名指し人に取り次いだが、電話口になかなか出ない場合
  → 「申し訳ございません。○○は、もう少し、時間がかかるようですので、こちらから改めてご連絡いたしましょうか?」

- お客様が「急いでいる」「私もこれから外に出るので急いでほしい」などと言われた場合
  → すぐにメモを渡し、担当者に緊急の旨を知らせる。

> 電話の取り次ぎは、お客様と名指し人が会話ができて終了です!

Q.036 上司の不在時に、お客様から「またかけます」と言われたら?

　上司の不在時にお客様から電話があったときは、「念のため、お電話番号を教えていただけますか?」と、丁重に聞きます。そのうえで、お客様から「またこちらからかけますから」と言われたら、「恐れ入ります。ありがとうございます。それでは、お電話をいただきましたこと、〇〇(上司の名前)に申し伝えます」と言うのが基本です。

　さらに入社後、電話応対に慣れてきたら、臨機応変にワンランク上の応対を目指すといいですね。たとえば、お客様が急いでいる様子を察したら、「お急ぎでいらっしゃいますか? 〇〇と連絡をとりまして、こちらからご連絡するように申し伝えます。念のため、ご連絡先を教えていただけますか?」と言えば、お客様の手をわずらわせずにすみます。

　日頃から取引のあるお客様の場合、電話番号を聞くと、相手に「今さら……」と思われたり、わずらわしさを感じさせてしまうかもしれません。しかし、入社したばかりのみなさんにとっては、どのお客様がお得意様なのか、わからないでしょう。そんなときに電話番号を聞く場合は、「念のため」という言葉を使って尋ねます。

　万が一、お客様から「直接電話しますから、携帯電話の番号を教えてください」と言われても、みなさんが勝手に伝えてはいけません。伝えるかどうかは、会社のルールをもとに、上司本人が判断することです。

A.　一度は「こちらから連絡します」と言うのが基本!

上司が不在のときの電話応対

あなた
「申し訳ございません。課長の○○は、ただいま外出しております。午後2時頃には戻る予定ですが、戻りましたらこちらからご連絡いたしましょうか?」

- 念のため、電話番号を確認
- お急ぎかな?

念のため、電話番号を確認

お客様
「あ、そうですか。では、またご連絡いたします」

あなた
「恐れ入ります。念のため、ご連絡先を教えていただけますか?」

お客様
「いえいえ、またこちらからかけます」

あなた
「ありがとうございます。それでは、△△様からお電話をいただきましたこと、課長の○○に申し伝えます。よろしくお願いいたします」

お急ぎかな?

お客様
「そうですか……では、またかけます」

あなた
「○○様、お急ぎでいらっしゃいますか? さしつかえなければ、ご用件をお聞かせいただけますでしょうか?」

お客様
「明日の打ち合わせの件でお話ししたいことがありまして……」

あなた
「承知しました。それでは、こちらから連絡をとりまして、連絡がとれしだい、△△様にお電話するように申し伝えます。よろしいでしょうか?」

Q.037 上司の会議中に電話がかかってきた。取り次いでもいい？

　まず、会社のルールを確認しましょう。会議と一口に言っても、会議室に取り次いでよいケース、取り次いではダメなケースがあります。

　また、「会議」という言葉を外部には使わないところもありますので、確認しましょう。その場合は、「ただいま席を外しておりますが、○時頃には戻る予定です。戻りましたら、こちらからご連絡いたしましょうか？」と提案し、お客様の反応から次の対応を考えます。

　また、先方が急いでいる場合は、用件を聞き、代理でどのような対応ができるかを考えましょう。1人で判断できないときは、用件を正確に聞き取り、まわりの先輩にもその内容を伝え、相談しましょう。

　会議内容によっては、終了の予測がつかないことがあります。事前に緊急の電話がかかってきたら、どうすればよいか確認しておくとよいでしょう。

　直接、上司に聞けない場合は、先輩に相談しておきます。電話がかかってきてからあわてて状況の確認をすると、お客様を待たせてしまいますから、先に確認しておくといいですね。

　わからなくなったり、迷ったりしたら、自分で判断せずに、「ただいま確認いたしますので、少々お待ちいただけますか？」と言って、先輩に確かめましょう。

A. 臨機応変な対応のために確認と相談が必須！

上司が会議中の場合

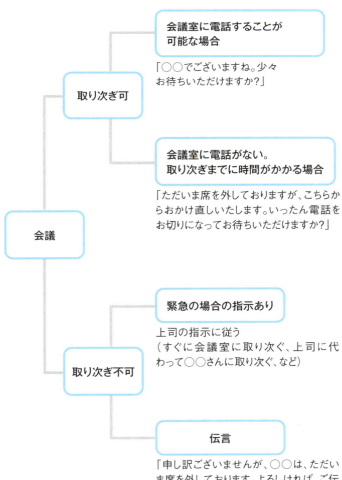

- 取り次ぎ可
  - **会議室に電話することが可能な場合**
    「○○でございますね。少々お待ちいただけますか?」
  - **会議室に電話がない。取り次ぎまでに時間がかかる場合**
    「ただいま席を外しておりますが、こちらからおかけ直しいたします。いったん電話をお切りになってお待ちいただけますか?」
- 会議
- 取り次ぎ不可
  - **緊急の場合の指示あり**
    上司の指示に従う
    (すぐに会議室に取り次ぐ、上司に代わって○○さんに取り次ぐ、など)
  - **伝言**
    「申し訳ございませんが、○○は、ただいま席を外しております。よろしければ、ご伝言を承りますが、いかがでしょうか?」

社内に同じ名字の人が複数いるときは？

　職場に同じ名字の人が複数いるケースは多いものです。特に地域によっては、同じ名字の人がほとんど、ということもあります。

　この場合、どのように区別をつけるかを自分なりにあらかじめ整理をしておくと心強いものです。次のような確認方法があります。

①フルネームで聞き、判断する
②男女で判断する
③漢字で判断する
④役職で判断する
⑤ ①〜④でも判断ができない場合は、仕事内容で判断をする。たとえば、「恐れ入りますが、お電話いただきましたのは、どのようなご用件でしょうか？」と聞き、そのうえで先輩に確認をとる。

　もし、あなたと同じ名字の人が職場にいる場合は、常にフルネームで名乗ることを習慣にしましょう。

　特に、電話でのやりとりの多いお客様には、「同じ名字の者が３名おりますので、イトウジュンとおっしゃっていただけますか？」とお願いしてもよいですね。

A.　日頃からルールを決めておこう！

職場に同じ名字の人がいるときの電話応対

パターン1　フルネームで確認

あなた　「イトウでございますね。恐れ入ります。イトウは3名おりますが、フルネームはおわかりでしょうか?」

お客様　「伊藤加奈子さんです」

あなた　「ありがとうございます。伊藤加奈子でございますね。それでは、お取り次ぎいたしますので、このままお待ちくださいませ」

パターン2　男女で判断

あなた　「イトウでございますね。恐れ入ります。イトウは3名おりまして、男性2名、女性が1名おりますが、男性でしょうか?　女性でしょうか?」

お客様　「男性です」

あなた　「ありがとうございます。男性のイトウには主任と営業の者がおりますが、おわかりでしょうか?」

お客様　「あ、営業の方だと思います」

あなた　「ありがとうございます。営業の伊藤淳でございますね。お取り次ぎいたしますので、このままお待ちくださいませ」

パターン3　役職で判断

あなた　「部長のイトウでしょうか?　営業のイトウでしょうか?」

パターン4　漢字で判断

あなた　「イトウでございますね。恐れ入ります。イトウは3名おりますが、漢字はおわかりでしょうか」

お客様　「東のほうの伊東さんです」

あなた　「ありがとうございます。伊東淳史でございますね。それでは、お取り次ぎいたしますので、このままお待ちくださいませ」

Q.039 「電話すると言ったのに電話がこない」と言われたら？

　電話応対をしていると、お客様から自分に非がないことでも叱られることがあります。そんなときは、決して「私は悪くない」といった態度を見せてはいけません。電話に出た人は、会社の代表ですから、自分が関わっていないことでも、しっかり受け止めて話を聞くスタンスを持たなければいけないのです。

　お客様から「折り返しの電話を依頼したのに、電話がかかってこない」と言われたら、相手の話を受け止め、早いうちに「申し訳ございませんでした」と謝罪をしましょう。

　「誰が電話をとりましたか？」と犯人探しをしても問題の解決にはなりませんので、避けましょう。そして、すぐに電話をする予定だった人と連絡をとる方法を考えます。

　なかなかその人と連絡がとれない場合は、時間をあけずにお客様に連絡し、「申し訳ございません。○○と連絡がとれないのですが、おそらく車の中（考えられる状況を想定）ではないかと思います。大変恐縮ですが、さしつかえなければ、ご用件を教えていただけませんか？」と言ってみましょう。用件がわかれば、他の人でも対応できることがあるかもしれません。

　とにかくお客様をお待たせすることがないように、スピーディに次の手を考えましょう。どうしたらいいかわからない場合は、すぐに先輩に相談することも大切です。

A. 自分宛でなくとも、まずは謝罪を！

クレームの電話応対の例

POINT

①誠意を持って、丁寧に詫びる
②言い分をよく聞く(真意を理解する)
③どういうことが起こったのか、いつ起きたのか、何が原因か、お客様の不満や怒りの本当の原因は何か、どう解決してほしいと望んでいるのか、を確認する
④理論的か、感情的かを判断して対応する

お客様 「○○さんに電話をくださるようにお願いしているのに、一向に連絡がないということは、どういうことですか!」

あなた 「電話をすると言ったのに、ご連絡していないということですね。申し訳ございません。私は山田と申しますが、これからすぐに連絡をとりまして、○○様にお電話をするように申し伝えます」

● 名指し人と連絡がつかない場合

あなた 「○○会社の○○と申します。大変お世話になっております。△△様は、いらっしゃいますでしょうか?」

お客様 「はい、△△です」

あなた 「△△様、お待たせして申し訳ございません。○○と連絡をとっておりますが、まだ連絡がとれておりません。おそらく車の中ではないかと思われます。大変恐縮ですが、さしつかえなければ、ご用件をうかがってもよろしいでしょうか?」

用件を聞いたうえで、どうしたらいいかを考える

- 用件を先輩(上司)に伝えて、判断をあおぐ
- 自分で調べてわかれば、「お調べして、すぐにご連絡いたします」と言って折り返し、電話をする

1日に何度も電話連絡がある お客様には、どんな注意が必要？

　お客様によっては、1日に何度も電話連絡が入る場合があります。お客様が電話をするたびに電話を受ける人が違い、そのたびに連絡先を聞かれては、お客様の気持ちはどうでしょうか？

　電話を受ける人は、聞き方に工夫したり、社内で情報を共有することが必要です。たとえば、お客様から再度電話があることがわかっていたら、社内の人に「○○会社の○○様から○○の件でご連絡があります。その場合は、私に回してください」と言えるといいですね。

　また、部署内で誰が電話をとってもわかるようにするためには、「○○様から○○の件でご連絡がありますので、よろしくお願いいたします」と部署内の情報の共有を図ります。

　電話に慣れてくると、お得意様が誰かわかるようになってきます。忙しいお客様ほど、迅速でスムーズな対応を期待するもの。お客様のひと声を聞いただけで、どこの誰かわかるようになると、応対が変わってきます。
「○○様でいらっしゃいますね。いつもお世話になっております。○○（自分の名前）でございます」などと言えたら、素晴らしいですね。

A.　社内での情報共有がポイント！

電話応対のQ&A 5

何度も電話でやりとりをするお客様の電話応対

あなた 「ご連絡ありがとうございます。では後ほど、こちらからご連絡いたします。念のため、ご連絡先を教えていただけますか?」

あなた 「再度ご連絡くださるということですね。承知しました。どうぞよろしくお願いいたします」

社内で共有

あなた 「○○様という方から××の件でご連絡があります。よろしくお願いします」

再度かかってきた場合

あなた 「先ほどご連絡いただきました○○様でいらっしゃいますね。何度もご連絡いただきまして、申し訳ございません(ありがとうございます)」

● 再度あなたの会社からご連絡の必要がある場合

あなた 「お電話番号は、先ほどうかがいました番号でよろしいでしょうか?」

Q.041 お客様にアポをとるときのポイントは?

　仕事に慣れてくると、上司や先輩から「○○会社の○○様にアポをとって」と言われることもあります。アポをとるときは、まず上司に訪問の目的と都合のよい日時を確認してください。

　このとき、日時は1日だけでなく、いくつかの選択肢があるとよいでしょう。そうすれば、複数の日程の中からお客様自身が都合に合わせた日時を決めることができます。

　また、緊急のことでなければ、直前の約束をすることは、避けましょう。できるだけ余裕を見て、早めに約束ができるとよいですね。

　訪問日時が決まったら、お客様には、こちらの参加人数を伝えます。人数に合わせ、応接室の予約などがあるからです。

　また、訪問者に職場の上司が含まれている場合は、「部長の○○も一緒にうかがいます」などと、必ず伝えます。訪問してから先方があわてることがないように、配慮をしましょう。所要時間も伝えておくと、お客様の予定が立ちます。

　そして、電話を切る前に、必ず日時などの主要事項の確認をすることを忘れないようにしましょう。

　訪問日時が決定したら、すぐに上司に報告します。きちんとメモをして先方の担当者がおっしゃったことも漏らさず報告しましょう。

A.　お客様にいくつかの日程を示そう!

アポイントのとり方の基本

> **POINT**
>
> ① 訪問目的
> ② 上司が提案できる日程を確認(複数)
> ③ 訪問人数
> ④ およその所要時間
> ⑤ 場所
> ⑥ ご用意いただくものがあれば、前もってお知らせしておく

あなた 「○○の打ち合わせの件で40分ほどお時間をいただきたいのですが、来週のご都合はいかがでしょうか?」

お客様 「○日の午後2時頃にお願いできますか?」

あなた 「○日の午後2時でございますね。ありがとうございます。それでは、課長の○○と私○○の2名で2階の会議室にうかがいます。よろしくお願いいたします」

● 緊急の場合のアポイントのとり方

あなた 「大変、急なことで申し訳ございませんが、○○の件でおうかがいしたいのですが、明日か明後日のご都合はいかがでしょうか?」

● 約束が先の場合は、間近になったら確認の電話を入れる

あなた 「○○会社の○○でございます。明日○日の打ち合わせの確認のお電話をさせていただきました。その後、ご変更はございませんでしょうか?」

お客様 「はい、ありませんよ」

あなた 「ありがとうございます。それでは、午後2時にうかがいますので、よろしくお願いいたします」

Q.042 お客様からの長電話は、どのように切ればいい?

電話が鳴ると、仕事を中断して電話を受けることになります。ビジネスの電話は、長電話を避け、できるだけ手短に話を終えることが基本です。

とはいえ、お客様とのコミュニケーションの一貫として、むげに扱うのもよくないことです。営業の場合は、雑談から仕事につながることもあります。

ただ、そうは言っても、他の仕事が忙しくて時間に余裕がなかったり、まわりの上司や先輩の目を気にしながらも、電話を切りたくてもなかなか切れない場合もあるでしょう。

長電話は、同じお客様と話をする機会が多くなる頃に起こりやすい事例です。お客様がなかなか本題に入らず、世間話が長引くような場合、軽くあいづちを打ちながら受け止めたうえで、仕事の話に切り替えていきます。ただし、お客様の話を無視する気持ちがあると、相手に伝わってしまいますから要注意です。

ほどよいところで、「ところで、本日は……」というように仕事の話に切り替えます。仕事の話になったら、世間話の延長線で話さず、「○○を○○ということですね」というように、要点をまとめていきます。

それでもなお長引く場合は、自ら「申し訳ございません。お忙しいのに長電話になってしまいました」と言って、こちらの予定などを伝え、丁寧に電話を切りましょう。

A. 話の切り替えのタイミングをつくろう!

長電話のお客様への電話応対

● 電話をかける場合

お客様 「いや、どうもどうも……」

あなた 「○○と申します。いつもお世話になっております。お忙しいところ申し訳ございません。2、3分お時間いただけますでしょうか」

お客様 「いや、どうもどうも……」

あなた 「お世話になります。お久しぶりですね。○○さん、お忙しそうですね〜」

お客様 「いやね、どうもこうもないんですよ。実は……」

● 電話を受ける場合

お客様 「いや、どうもどうも……」

あなた 「△△様でいらっしゃいますね。○○と申します。いつもお世話になっております」

  ⋮

あなた 「では、○○について××ということでよろしいでしょうか。どうぞよろしくお願いいたします」

● 困ったときの表現

・「お忙しいのに、長くお時間をいただきまして、ありがとうございました」

・「申し訳ございません。長電話になってしまいまして……」

・「申し訳ございません。これから打ち合わせが入っておりまして……」

Q 仕事中に携帯電話を使ってもいい?

プライベートな携帯電話が、勤務中にかかってきたら、昼休みか業務終了後に連絡しましょう。
携帯電話は、仕事に使用しないほうがいいこともあります。「携帯電話に連絡ください」と言われない限り、基本的には会社の電話にかけます。

Q 社外での携帯電話の会話に注意!

営業で外出すると、お客様との会話も外で行なうことが多くなります。外での会話は、誰かに聞かれる可能性もある、ということを注意してください。ライバル会社が聞いているかもしれません。

6章

来客応対の Q&A

Q.043 お客様がお見えになったとき、どう応対する？

「今日○時に○○会社の○○様がお見えになるから、頼みますよ」と言われたら、お通しする応接室をチェックしておきましょう。前のお客様のお茶が出しっぱなしになっていないか、テーブルは汚れていないかなどを確認します。

そして、到着時刻前には、身だしなみを整えておきましょう。お客様がお見えになる時間の少し前になったら、受付あたりでお待ちします。

受付に向かって歩いてこられるお客様を見つけたら、にこやかな笑顔で一礼します。下を向いたり、素知らぬ顔をしたりして照れてはいけません。距離が近づいたら、「○○様でいらっしゃいますね。本日は、ありがとうございます」と声をかけ、応接室までご案内します。

このとき、無言で歩くことなく、気の利いた会話があるといいですね。こうしたちょっとした会話のことを「スポット会話」と言います。以下は、ご案内中のスポット会話の例です。参考にしてみてください。

・「お足元の悪い中、ありがとうございます。今日の雨は、すごい降り方ですね」（天気）
・「ずいぶん暖かくなってまいりましたね。桜ももうすぐですね」（季節）

A. おもてなしの心で来客応対しよう！

基本的な来客応対

お客様が来社

事前に把握している場合
「お待ちしておりました。応接室までご案内いたします。こちらでございます。どうぞ」

来訪者の情報がない場合
「○○会社の○○様でいらっしゃいますね。ただいま確認してまいりますので、少々お待ちくださいませ」

面会可能な場合
「お待たせいたしました。○○がお目にかかると申しております。応接室までご案内いたします」

面会不可能な場合
「申し訳ございませんが、ただいま外出しておりますが、○時には戻る予定でございます。いかがいたしましょうか?」

応接室へ案内する
「ただいま○○を呼んでまいりますので少々お待ちくださいませ」

面会をお断りするとき
「お待たせいたしました。あいにく○○はただいま外出しております。せっかくお越しいただいたのに、申し訳ございません」

担当者に報告

Q.044 上司に取り次ぎをしてほしいと名刺をいただいたら？

　名刺は、"その人の分身"と思ってください。会社名、役職、部署名、名前、住所、連絡先など、その人に関わるすべての情報が載っています。けっして粗末に扱ってはいけません。

　そんな大切な名刺を扱っている気持ちを、所作や動作で表わすようにしましょう。

　まず、名刺を差し出されたら、名刺上の文字に指先が触れないように、両手で受け取ります。相手の名前を復唱しながら確認します。名前が読めない場合は、このとき、読み方の確認も合わせて行なうようにしてください。

　いただいた名刺は、胸の高さから下げずに持ち、軽く一礼します。そして上司のところへ行き、来訪者と面談するのか、しないのか、指示を仰ぎましょう。

・来客があることがわかっている場合

「○○会社の○○様でいらっしゃいますね。お待ちしておりました。お名刺、ありがとうございます」と言って、いったんお返しする。または、応接室に案内した後、上司に名刺を渡す。いずれにせよ、まずお客様を応接室に案内したことを上司に伝えます。

・来客があることを知らなかった場合

「○○会社の○○様でいらっしゃいますね。ただいま確認いたしますので、お待ちいただけますでしょうか？」と上司に取り次ぎ、指示を仰ぎます。

> **A.** アポがあるかないかで対応は変わる！

来客に名刺をいただいたとき

名刺は、左手に右手をそえ、腰から胸の高さに保ち、一礼して移動する

移動するとき、名刺は、腰より下には下げない

● **名刺をいただく場合**

・両手で受け取る
「恐れ入ります」

・相手の会社名と名前を確認する
「○○会社の○○様でいらっしゃいますね」

● **名前がわかりにくい場合、読めない場合**

「恐れ入りますが、何とお読みしたらよろしいでしょうか?」

● **上司に渡す場合**

名刺を見せながら、
「○○会社の○○様がお越しになりました。いかがいたしましょうか」
と言って指示を仰ぐ。

Q.045 約束のお客様が来社されたが、上司が不在だったら？

　お客様が見えたのに、面会する予定の上司本人が不在だったら、焦ってしまいますね。そんなときは、お客様にまず、次のようにこちらの状況を伝えましょう。

　「〇〇様、本日はありがとうございます。実はただいま、外出先の〇〇から連絡がありまして、15分ほど遅れるとのことでございます。誠に申し訳ございませんが、ご都合がよろしければ、お待ちいただけませんでしょうか？」

　承諾いただいた場合は、応接室に案内し、お茶を出します。その後は、次のとおり、臨機応変に対応してください。

①上司から「あと5分で着く」と再度連絡が入った場合

　「お待たせして申し訳ございません。ただいま、〇〇から連絡が入りまして、あと5分ほどで到着するとのことでございます。よろしくお願いいたします」

②大幅に遅れる場合

　「お忙しいのに申し訳ございません。実は今、〇〇から連絡がありまして〇〇の理由で、到着が〇分ほど遅れるようです。ご都合はいかがでしょうか？」

③お客様が改めて出直すことになった場合

　「せっかくお越しくださいましたのに、申し訳ございません。〇〇が戻りましたら、こちらから改めてご連絡をさしあげますので、よろしくお願いいたします」と丁重に挨拶し、玄関まで見送ります。上司が帰社したら、ありのままを報告します。

A. できる限り細やかな進捗報告を！

約束の時間に上司が遅れそうなとき

お客様の到着時刻には、入り口付近で待機しておきましょう。

お客様が来社

あなた 「○○様でいらっしゃいますね。本日は、ご来社ありがとうございます。
　　　　誠に申し訳ございませんが、外出先の○○から連絡がありまして、15分ほど遅れるとのことでございます。道路が混んでいるようでございまして……。
　　　　大変恐縮ですが、ご都合はいかがでしょうか？　お待ちいただけますでしょうか？」

お客様を応接室に案内

あなた 「お忙しいのに、申し訳ございません。よろしければ、お茶をどうぞ」

※顔見知りのお客様などの場合は、会話をして場をつなぐこともある。

上司から連絡が入ったら進捗状況をお客様に伝える。

Q.046 スマートにドアを開閉してお通しする方法は？

応接室に入る前には、扉をノックするようにしてください。予約しておいた応接室であっても、社内の人が使用している可能性があるからです。

ノックの回数は、職場で決まりがある場合を除いて、一般的には、通常、2〜3回です。またノックをするときは、お客様にお尻を向けないよう、扉に近いほうの手でノックをするとスマートです。

応接室への通し方については、扉が押し扉か、手前開き扉かによって違いがあります。基本的に応接室には、お客様を先にお通しします。しかし、押し扉の場合は、案内者が先に入りましょう。このとき、「お先に失礼します」と一言そえましょう。手前開きの場合は、案内者が片手で扉を押さえ、もう片方の手で部屋の中を指し示しながら、「どうぞ」と言葉をそえて、お客様を誘導します。

扉を操作するときは「ドン」「バタン」と音がしないように、静かに操作しましょう。また、入室後「こちらへどうぞ」と上座を指し示すと、お客様は戸惑わずに座れます。

退出する際は、「○○は、ただいままいりますので、少々お待ちくださいませ」と言い、「失礼いたします」と一礼して静かに出ていきます。担当者にお客様を応接室にお通しした旨、報告するのを忘れないようにしましょう。

A. お客様が入りやすくなる工夫をしよう！

ドアの開閉の仕方

案内の仕方

「応接室までご案内いたします。
　こちらでございます。どうぞ」
と言って、お客様の2・3歩前を
歩く。

手前開き扉の場合

扉に近いほうの手で扉の外側の
ドアノブをとり、「どうぞ」と言って
入ってもらう。

押し扉の場合

お客様に「お先に失礼いたします」
と言って先に入り、中に入ったらド
アノブを持ち替える。

Q.047 エレベーターや階段を使ってご案内するときは？

応接室までの移動でエレベーターを使ったり、階段を使ったりして、お客様をご案内することがあります。簡単なようでいて、意外と戸惑う対応です。基本を押さえておきましょう。

エレベーターの上座は、出入口から見て後方です。社内の人間は、操作ボタンの前に立ちます。

お客様はもちろんのこと、上司、先輩と一緒にエレベーターに乗る場合、操作ボタンを押すのは新入社員の役目と心得ましょう。

お客様を階段でご案内する場合は、「階段で恐縮ですが、3階までまいりますので、よろしくお願いします」と一言伝えましょう。

階段は、お客様より先に自分がのぼります。さらに上司や先輩と一緒の場合は、上司や先輩に先を譲る気持ちがあるといいですね。

ちなみに、お客様は、手すり側を歩いてもらいましょう。とっさのときに手すりがつかめて、安全ですね。また、お客様が大きな荷物を持っていらっしゃる場合などは、「お持ちしましょうか？」と一声かけると喜ばれます。

A. 先回りの対応で、スムーズにご案内しよう！

エレベーター・階段でのご案内

1人のお客様の場合

①外から操作ボタンを押し、「どうぞ」と言って先に入ることをすすめる。
②お客様に続いて乗り込んだら、操作ボタンの前に立つ。
③目的フロアに着いたら、「こちらでございます。どうぞ」と言って、先に降りてもらう。
④すぐに降りてお客様の先を歩き、応接室まで案内する。

複数のお客様を案内する場合

①「お先に失礼します」と声をかけ、先に乗り込み、操作ボタンを押して全員が乗り込むのを待つ。
②目的フロアに着いたら、「こちらでございます。降りて右側301の会議室でございます」と行く方向を一言そえる。
③後から急ぎ足でお客様を追いかけて、部屋にご案内する。

階段でのご案内

①「○階までまいります」とお客様に告げる。
②お客様は手すり側、案内者は壁側を歩く。
③上がるときも降りるときも、お客様の2～3段ほど先に行く。
④階段は、足の運びを斜めにして昇降する。

Q.048 訪問客に紹介するからと、応接室に来るように言われたら？

　商談中の上司から急に応接室に来るようにと言われることもあります。きっとお客様との顔合わせによい機会なのですね。まずは身なりを整えてください。ワイシャツはまくらず、ボタンをしっかりとめます。ネクタイも締め直し、ジャケットを着用しましょう。もちろん名刺も忘れないでくださいね。

　応接室に着いたら扉をノックし、「失礼いたします」と元気よく挨拶をします。

　そして、上司に紹介されてから名刺交換をしましょう。名刺がまだ配布されていない場合は、お客様の名刺をいただいた後、「ありがとうございます。私は、まだ名刺を持っておりませんが、新入社員の○○と申します。よろしくお願いいたします」と自己紹介をしてください。何か質問を受けたら、明るくハキハキと答えることが大切です。

　その後、上司に「もう戻っていいよ」と言われた場合は、お客様に向かって「ありがとうございました。今後ともよろしくお願いいたします」と挨拶して部屋を出ていきましょう。

　最後まで同席する場合は、扉の開閉、エレベーター操作などの案内役をします。みなさんが"お客様"にならないように注意をしましょう。

　後日、名刺ができ上がったら、次回会うときに「先日は、失礼いたしました。名刺ができ上がりました。改めまして○○でございます。よろしくお願いいたします」と、渡してください。

A.　名刺を持って、あわてずに挨拶を！

上司から応接室に呼ばれたとき

❶ 身だしなみをチェック

- [ ] ジャケット着用
- [ ] ワイシャツの腕まくりは、元に戻す
- [ ] 名刺入れを忘れずに
- [ ] あわてず、落ち着いて行動

❷ ドアをノック

❸ 入室したら、「失礼いたします」

❹ 上司に紹介を受けてから名刺交換

POINT

明るくハキハキと名乗りましょう!

Q.049 商談中の上司に緊急の電話がかかってきたら？

　まず、商談中の取り次ぎについては、会社のルールを確認しましょう。

　商談前に上司から「こちらからかけ直すので、電話の取り次ぎはしないように」と言われた場合は、特別なことがない限り、取り次ぎは行なってはいけません。判断が難しいときは、先輩に相談するといいですね。

　緊急に取り次ぐことになった場合は、用件をメモ用紙に書いて商談中の上司に見せ、その後の指示を仰ぎましょう。来訪者の目の前で別件の話をするのは失礼ですので、メモを見せるのが一番スマートなのです。

　メモ用紙には「会社名、名前、用件、連絡先、電話にすぐに出る、〇分後にかける」などの項目を書いたうえで、ペンも用意します（次ページを参照）。上司の手をわずらわせることなく、選択できるようにするとよいでしょう。

　応接室に入る際は、扉をノックし、お客様に向かって一礼、タイミングを見計らって「失礼いたします」と上司に声をかけます。中腰で上司にメモとペンを渡し、指示を仰ぎます。終了したら、お客様に「失礼いたしました」と言って再度一礼し、部屋から静かに出て行きましょう。

A. 伝言メモでスマートに対応！

来客応対のQ&A 6

上司が商談中に緊急の電話がかかってきたとき

● 取り次ぎ不可能な場合の会話例

あなた 「申し訳ございません。○○は、ただいま席を外しておりますが、**お急ぎでいらっしゃいますね**。さしつかえなければご用件をお尋ねしてもよろしいでしょうか?」

→ 相手の気持ちを察した一言

「それでは、連絡がとれしだい、ご連絡いたします。私○○が承りました。よろしくお願いいたします」

→ しっかりと名前を名乗りましょう!

● 緊急の場合は、中腰でメモとペンをそっと渡しに行く

メモ内容例

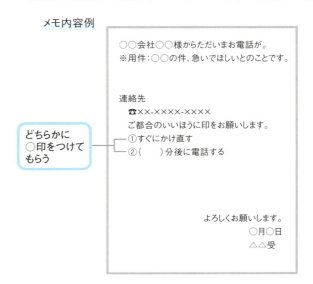

○○会社○○様からただいまお電話が。
※用件:○○の件、急いでほしいとのことです。

連絡先
☎××-××××-××××
ご都合のいいほうに印をお願いします。
① すぐにかけ直す
②（　）分後に電話する

→ どちらかに○印をつけてもらう

よろしくお願いします。
○月○日
△△受

Q.050 社内に1人のとき、電話応対中にお客様が見えたら？

　事務所に1人しかいない場合、電話応対も来客応対もしなくてはならないことがあります。最初は不安なものですが、基本を知っておくと、あわてずにすみます。

　電話中に来客があった場合は、目の前のお客様を無視しないことが大切です。まず、来訪者とアイコンタクトをとり、会釈をします。電話の相手には、キリのよいところで「大変申し訳ございません。こちらでお調べいたしまして、後ほどこちらからご連絡してもよろしいでしょうか？」と言い、電話を切りましょう。

　このとき、先方の会社名、名前、連絡先を確認し、自分自身の名前を伝えることを忘れないでください。また、来客に気持ちを奪われると、電話のメモが雑になりがちです。後から見てわかるように、しっかり書いておきましょう。

　そして、いったん電話が終了したら、来社のお客様に「大変お待たせいたしまして、申し訳ございません」と言って、用件を聞いてください。

　その後、来客対応が終わったら、再度先ほどのお客様に「大変お待たせいたしました。○○社の○○でございます。先ほどは、誠に失礼いたしました」と、電話をします。

　大切なことは、伝える言葉に気持ちが感じられることです。来訪者、電話の相手ともに事務的にならないように、精一杯の気持ちと言葉を伝えられるようにしましょう。

A. 電話中でもアイコンタクトをしてお迎えしよう！

電話応対中にお客様が見えたら

> 申し訳ございません。確認しまして、後ほどこちらからご連絡いたします。いったんお切りになってお待ちいただけますか?

POINT

来社されたお客様を無視せずに、電話中でも、アイコンタクトをとって一礼する

> 大変お待たせしまして申し訳ございません。
> ご用件を承ります。

POINT

「申し訳ございません」という言葉に気持ちがこもっていることが大事。無表情・事務的にならないこと!

あなたが1人で頑張っている様子は、お客様も理解できます。申し訳ないという気持ちが表現できるといいですね!

Q.051 上司からお客様を玄関までお送りするように言われたら？

　上司の商談に同席したとき、あなたの座る場所は、出入口付近の下座です。商談終了の挨拶が交わされ、お客様が帰りじたくを始めたら、扉を開け、閉まらないように支えながら、お客様が退室するのを待ちましょう。お客様が退出した後に、上司、あなたという順番で部屋を出ます。

　部屋を出たら、お客様の前を歩き、エレベーターを呼び出します。複数のお客様を玄関まで送る場合は、「お先に失礼いたします」と言葉をそえ、エレベーターに先に乗り込みます。エレベーターが閉まらないように「開」ボタンを押して、エレベーター内にお客様を案内してください。

　玄関に着いたら、お客様に改めて「本日は、ありがとうございました」とお礼の挨拶をしましょう。お客様が玄関を出たら、姿が見えなくなるまで見送ります。

　お客様がタクシーを利用する場合は、商談終了のめどが立った時点で離席し、車の手配をします。終了のタイミングがつかめない場合は、商談終了の段階で「タクシーの手配をいたしましょうか？」と言葉をかけてみるとよいでしょう。車の場合は、お客様が車に乗り込んだら、一度おじぎをします。車が動き出したら頭を上げ、見えなくなるまで見送るのが基本です。

A. お客様の姿が見えなくなるまでお見送り！

お客様を玄関まで送る

❶ 応接室の扉を開け、お客様が出るのを待つ。
出る順番はお客様・上司・あなたの順。

❷ 先を歩いているお客様を急ぎ足で追い越し、エレベーターの「開」のボタンを押す。

❸ 複数のお客様の場合はエレベーターに先に乗り込み、操作ボタンの前に立つ。

＊お客様に「ここでいいですよ」と言われたら、「こちらで失礼いたします」とエレベーター前で挨拶をすることもある。

❹ 玄関口では、お客様が見えなくなるまで見送るのが基本。すぐにお客様に背を向けて社内に戻ろうとするのはNG。

Q.052 日本茶のおいしいいれ方は？

　おいしい日本茶をいれるためには、あわてずゆったりとした気持ちでいることが大切です。そのためにまず、事前に給湯器の場所、茶葉や湯呑茶碗、茶托(ちゃたく)、お盆などの置き場を確認しておきましょう。

　そして、お客様が到着する前にあらかじめ準備を進めておきます。たとえば、人数分の湯呑茶碗と茶托、ふきんとお盆をそろえ、お湯を沸かす場合は、このときに沸かし始めておきましょう。

　ここまで用意しておいたら、お客様を応接室にご案内してから、ゆったりとした気持ちでお茶をいれることができます。手をよく洗ってから、次ページの手順でいれましょう。

　日本茶のおいしさは、お湯の温度にも大きく左右されます。お茶の色も違ってきますので、熱すぎないようにしましょう。複数の人に出す場合、お茶の色が均等になるように配慮します。

　お茶をいれた経験が少ない人は、この機会に自分でいれて飲んでみてはいかがでしょうか。何度か試すうちに、いれ方によって味が違うことがわかるようになってきます。ゆったりとした心でいれたお茶は、とてもおいしく感じられるはずです。

A.　ゆとりを持っていれよう！

来客応対のQ&A

おいしい日本茶のいれ方

 人数分の湯呑茶碗にお湯を7〜8分目ほどつぎ、お湯を冷ます。 → 1杯分のお湯の量がわかる。お湯の温度調整をする。

 急須に茶葉を入れる（茶葉の量は、1人当たり約2gほど）。

 湯呑茶碗で冷ましたお湯を急須に注ぎ、約1分間くらい静かに待つ。 → 急須に蓋をして1分間待つ。ほんのりとフタが温まってくる。

 それから湯呑茶碗に均等につぎ分ける。7分目くらい入れる。 → 色の濃さに違いが出ないようにする。

湯呑茶碗
茶托

POINT

・お湯の温度は高すぎないこと。煎茶は、70〜80度が目安
・お茶をいれるときは、急須に1滴も残さず出すようにする。最後の1滴がおいしい！

Q.053 来客者へのお茶の出し方は?

　職場によっては、お茶出しが担当制になっているなど、ルールがある場合もあります。しかし、通常お茶を出す機会がない人でも、いざというときには、出せるようにしておきたいものです。

　お茶は、商談の邪魔にならないようなタイミングで出すことが理想です。具体的には、名刺交換が終わり、雑談をしているとき、話が本題に入る前がいいですね。さりげなく、黒子に徹してスムーズに出せたら最高です。

　商談が長くなる場合は、途中で飲み物を新しいものと入れ替える場合もあります。商談の担当者にその必要があるかどうか、先に聞いておくとよいでしょう。また、思いがけず長引いているようならば、先輩に相談してもいいですね。

　商談が終了したら、片付けも忘れないでください。次のお客様を、湯呑茶碗が片付いていない応接室にお通しするということがないようにしましょう。

　失敗談として、お茶を出す順番を間違えた、お茶の色がまちまちだった、なんていう話もよく聞きます。上司に恥をかかせることがないよう、ポイントを押さえてマスターしましょう。

A. 出すタイミングに注意!

日本茶の出し方

❶ お茶を用意する

- 湯呑茶碗と茶托は分けてお盆に乗せる
- 人数が多いときはムリに多く乗せず、分けて運ぶ
- お盆は両手で横にずらして持つ
- 必ず布巾を用意する

お盆は胸高に、やや斜めに持つと、歩くときに前が見えて安全。

❷

ノックをし「失礼します」と言って入室する。部屋に入ったらお客様に向かって一礼する。

❸

- お盆は、サイドテーブルの上に置く。湯呑茶碗の下の「糸底」をぬぐってセットする。飲み口をつかまないように注意!
- 湯呑茶碗と茶托を分けて持つ理由は、湯呑茶碗と茶托がくっつくのを防ぐため
- お茶は、上席から出す

❹

お茶は、1人ずつ出す。片手ではなく、両手をそえて。湯呑茶碗の絵柄が、お客様の正面に向くように置く。

❺

お盆を小脇に抱えて一礼し、静かに扉を開けて退室する。

❻

茶托の木目がはっきりしている場合は、お客様に向かって木目は横向き。縦に置くと突き刺さるイメージなので気をつけて!

Q.054 大会議室で、先輩と2人でお茶を出すときは？

　大会議室の場合、出入口から遠いところが上座です。お客様を迎えた場合は、上座にお客様、下座に社内の者が対面して座ります。もちろん、お茶はお客様を優先して配りましょう。

　お客様の人数が多い場合は、2人以上で出すこともあります。たとえば、1人がお茶を乗せたお盆を持ち、もう1人がお茶を各席に配る。あるいは、2人で同じようにお盆を手に持ち、それぞれ配るなど、方法はいろいろです。

　この場合も、先に1人がお客様側の上席から配り、他方は、身内側から配るということがないように注意してください。あくまで、お客様が優先です。

　複数でお茶出しをする場合、ミスやトラブルを防ぐために、事前にしっかり打ち合わせをすることが大切です。会議室の構造によってお茶の配り方は、基本どおりにはいかないこともありますから、あくまでも安全に、効率的に動きたいですね。

　また、ペットボトルなどを前もってテーブルに配置しておくケースもあります。このとき、ペットボトルの上に紙コップをかぶせることは、粗雑な印象を与えますので避けましょう。せめて紙コップは、ペーパーナプキンの上に置くくらいの配慮があるといいですね。

　ペットボトルの絵柄は、座る人から正面に見えるように置き、紙コップの置き方も統一すると、部屋に入ったとき、きちんとした印象が伝わります。

A.　事前に先輩と打ち合わせを！

大会議室のお茶の出し方

● 社内会議の例

※1から順に上座

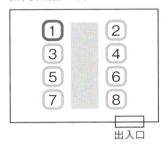
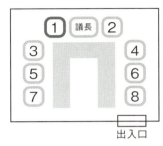

● 外部の人を迎えての会議の例

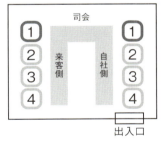

POINT

①お茶を出すときには、熱いお茶を持ってお客様の後ろを通らない。お茶を持って移動する場合は、身内側の後ろを通る。

②お茶を出す順番は、お客様が先。お客様優先と覚えておこう。

③お茶を出すときには「どうぞ」と一声かける。ただし、商談中には、声をかけない。黙礼。

④社内会議の場合は、先輩に相談しながら、効率重視で行なおう。

Q.055 お客様だけをご案内後、上司のお茶も置いてきていい？

　応接室には、お客様を先に通しますので、上司は後から来ることになります。お客様入室後、すぐに上司が現われるようなら、その後2人分を一緒に出しましょう。

　上司が少し遅れる場合、お客様に先にお茶を出すこともあります。このとき、上司がまだ着席していないのに、上司の席にお茶だけを先に置くことはしません。

　上司が遅れてくる場合は、先にお客様だけにお茶を出し「申し訳ございません。○○は、○分ほどでまいります。熱いうちにどうぞ」と伝えてその場を去るようにしましょう。

　前もって台所に2人分のお茶セットを用意しておき、上司が応接室に入るのを見届けてから、2人分のお茶をいれます。2人が挨拶を交わすタイミングを見計らって、お茶を出しましょう。

　お客様にはまず、先に出したお茶を下げてから、温かいお茶を再度出してください。

　新入社員のみなさんは、最初は、お客様へのお茶出しを依頼される機会が多いことでしょう。タイミングよく出されたおいしいお茶に、お客様は感動するものです。「あの会社のお茶は、いつもおいしい」と言っていただけるようなお茶を出しましょう。「たかがお茶出し、されどお茶出し」です。

A. 上司が来たら、お客様には改めてお茶を出そう！

再度お茶を出すとき

● 上司が遅れて来たので、再度お茶を出す場合

❶ 上司が応接室に入る前に、2人分のお茶セットを用意しておく。

❷ 上司が応接室に入ったら、お茶をいれる。タイミングよく、速やかに出すことがポイント！

❸ 前に出したお客様のお茶を先に下げたら、サイドテーブルに置く。

＊サイドテーブルがない場合は、テーブルのはじに置く。置く場所がない場合は、お盆に乗せたまま渡すこともある。この場合、「片手で失礼します」と言葉をそえるとよい。

❹ お客様のお茶から先に出す。

＊お茶とお菓子を出す場合

① お客様から見て、お茶は右側。お菓子は左側に。
② 和菓子の場合は、和菓子用のようじをそえる。

お客様をご案内中に上司とすれ違ったら?

お客様をご案内中、社内の上司とすれ違っても、道を上司に譲ったりしません。あくまでもお客様が優先ですから、一礼をして、そのままご案内を続けます。
もし、あなたが一歩下がって上司に道を譲ると、お客様にも気をつかわせてしまいますね。お客様より上司を優先する印象を残さないようにしましょう。

 コーヒーや紅茶の取っ手の向きは?

コーヒーカップの取っ手は、左向きはイギリス式、右向きはアメリカ式の違いがあります。複数の人に出す場合は、向きが統一されていることがポイントです。ただし、絵柄がある場合は、それがお客様の正面にくるように出します。スプーンやミルク、砂糖を置く場所も統一するときれいです。

イギリス式　　　アメリカ式

ミルクや砂糖は、カップにセット

7章

他社訪問のQ&A

社外ではあなたが会社の顔になる

初めてのお客様訪問は、大変緊張するものです。挨拶はなんて言おうか、名刺はどう出すのかな？ など不安はつきものです。外では、みなさんが会社の代表です。訪問する前の準備に始まり、会社を出るまで、気を抜くことなくよいスタートを切りましょう。

◆ 他社訪問の準備

①アポイントをとる
会社名、訪問の目的、連絡先、部署名、先方担当者の名前、面談可能予定日などを確認する。

②訪問先の情報の整理をする
どのような会社なのか、どのくらいの取引があるのか、またその取引内容、どのような立場の人と会う予定なのか、などを調べておく。

③持ち物の準備をする
先方に渡す資料、筆記用具、自分の名刺など。

④服装は前日に準備をする
ワイシャツ、ネクタイなどふさわしいものを用意する。

⑤訪問時間・出発時間の確認をする
同行する上司・先輩に「明日、△△会社の同行よろしくお願いいたします」と確認をする。何時に会社を出るかや、待ち合わせ場所なども、すり合わせしておこう。

受付	挨拶→自分の会社名・名前を名乗る→相手の部署名・氏名・約束時間を伝える	礼儀正しく挨拶をする
↓ 応接室	・すすめられた席に座る。指定されなければ下座に座る ・名刺入れを手に持ち、待機する	どこに座ってよいかわからない場合は、立って待つ
↓ 名刺交換	・ノックが聞こえたら、すぐにイスから立ち上がって待つ ・名刺交換を行なう ・名刺交換後、相手に「どうぞ」とすすめられてから座る	お茶を出されたら、すすめられてから飲む 名刺交換は、Q.61、62を参照
↓ 商談開始	「本日はお時間をいただきましてありがとうございます」などのお礼を言って商談が始まる	資料は、相手が見やすいように出す
↓ 商談終了	商談が終わったら、「では、よろしくお願いいたします」などと挨拶する	
↓ 辞去	・挨拶を丁寧にする ・受付にも挨拶する	コートは建物を出てから着る

Q.056 上司に同行して他社訪問するときの注意点は?

「明日、A社に行くから一緒に行こう」「半年たったらB社のプロジェクトに参加することになるから挨拶に行こう」

など、その目的に合わせて上司から声をかけられることがあるかもしれません。

初めての他社訪問は、とても緊張するものです。何の準備もしないままに上司についていくだけ、ということがないよう、事前準備(146ページ)をしたうえで臨みましょう。

「オイ、名刺持ったか?」と声をかけられる人も多いようです。名刺は忘れないように持参しましょう。

会社を出発するときには、上司が先方に渡す資料などを重そうに持っていたら、「私が持ちます」と積極的に声をかける気づかいがあるといいですね。

訪問先に着いたら、上司の後について歩く、入退室は常に上司が先、座席に座るときも先に座らないなど、気をつけましょう。

また、入社して間もない頃は、先方から仕事のこと以外で声をかけられることもあるかと思いますので、心の準備をしておきましょう。何も聞かれなかったとしても、上司がお客様とどのような話をするのか、どのように会話の展開をしているのかなど、たくさんのことを学んでください。話についていけないからと、キョロキョロとよそ見をしたり、じっと下を向いていたりするのはNGです。

A. 十分な準備をして、あわてずに!

上司や先輩と同行するときの心がまえ

● **確認しておくこと**

- ☐ 訪問目的
- ☐ どんな会社か
- ☐ 出発時間
- ☐ 用意するもの
- ☐ タクシーで移動する場合は、その手配はどうするか

● **注意点**

訪問前

- ☐ 身だしなみを整える
- ☐ コートは入り口前で脱いで手に持つ
- ☐ 携帯電話は電源OFFかマナーモード
- ☐ 面談相手の部署名、名前を確認
- ☐ 資料や名刺を確認。名刺はすぐに取り出せるようにする

訪問中

- ☐ 入退室は上司から
- ☐ 名刺は、上司に紹介されてから出す
- ☐ 上司は上座に座る
- ☐ 上司より先に座らない
- ☐ 室内をキョロキョロ見たりしない
- ☐ 上司が頭を下げるような場面があれば、一緒に下げる

Q.057 先輩と外で待ち合わせをするときのポイントは？

　先輩と一緒に他社を訪問する場合、いつも会社から一緒に同行できるとは限りません。どちらかが外出先から移動し、現地で会う約束をすることもあります。

　待ち合わせは、「携帯電話があるから」と安易に考えないで、慎重に約束しましょう。

　たとえば、駅には出口がたくさんある場合がありますから、「Ｂ１出口の階段をのぼったところ」というように、細かく確認をしておくとよいでしょう。

　また、万が一、電車の遅延が起こることもありますから、携帯の電話番号だけでなく、メールアドレス等も事前に交換しておくと安心です。

　そして言うまでもなく、待ち合わせ場所には、先輩よりも少し前に着いておきたいものです。現地で待ち合わせをする場合は、駅より難しいかもしれません。

　何度もその会社に行ったことがある先輩には、「１階の出入口で待ち合わせね」なんて簡単に言われてしまうこともあります。しかし、行ってみると出入口が複数あり、判断が難しい場合がありますから、事前にインターネットなどで詳しく調べておきましょう。

　ポイントは、携帯電話を安心材料にしないで、会話ができない場合の連絡手段を考えておくこと、時間にゆとりを持った行動をとることです。

A. 先輩より先に到着しよう！

上司や先輩との待ち合わせの注意点

● 駅で待ち合わせ

☐ 出口は詳しく確認する
「B1出口」や「階段上がったところ」など

☐ 連絡先を聞いておく
携帯電話番号はもちろんのこと、
何かあったらメールをしていいか確認しておく

☐ 時間ぎりぎりに行かない
先輩を待たせないこと。万が一、ぎりぎりになりそうだったら
約束した連絡方法で一報を入れる

● 現場での待ち合わせの注意点

☐ 出入口は、複数カ所ないか

☐ 万が一、遅れた場合はどうするか
携帯電話で連絡を取り合うことや、メールをする、
または、先に○階の受付にいる、などを確認する。
受付などで先方の方と待ち合わせをすることもある

Q.058 上司と先輩と3人でタクシーに乗るとき、どこに座ればいい？

　タクシーにも上座があります。上位から順に、後部座席の運転席の後ろ、続いて後部座席の助手席後ろ、後部座席の真ん中、助手席の順番です。

　しかし、これはあくまでも基本の考え方です。状況に応じて、臨機応変に対応してください。たとえば、着物を着ている人や足が悪い人が後方座席の奥まで行くのは大変なことです。そんなとき、「大変恐縮ですが、私が先に乗りましょうか？」など、さりげない一言をそえ、行動するようにしましょう。

　配慮をしたつもりの行動でも、言葉がなければ常識がない人と思われかねないので、一言そえることを忘れてはなりません。

　また、場合によっては、先輩が「先に乗ってくれ」と言うこともあります。そのようなときは、「よろしいですか？　恐縮です」と言って乗り込むとよいでしょう。

　上司や先輩と3人で乗る場合は、やはり助手席に座るのが無難です。上司と先輩は、後部座席で仕事の話がある場合もあるからです。4人で乗る場合、新入社員のあなたは、助手席に座って、道順の案内をしたり、料金を支払ったりするとよいでしょう。

　また、先方が運転する社用車に乗る場合は、助手席が上座になりますので注意してください。後部座席は上位から順に、運転席の後ろ、助手席の後ろ、真ん中という順番です。

A. 助手席に座るのが基本！

乗り物での席次

※1から順に上座

● タクシー

● お客様が運転手の車

● 電車4名(ボックス席)

● 電車6名(ボックス席)

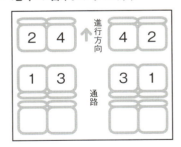

● 飛行機

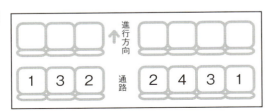

Q.059 同行訪問したとき、受付で電話をするのは誰？

　上司や先輩と他社を訪問した場合、受付をすませるのは部下や後輩です。とは言っても、最初は、電話の使い方や連絡方法など戸惑っているうちに、上司や先輩が受付をすませてくれる場合もあるでしょう。初めて会社を訪問したら、上司や先輩の行動をよく見ておくといいですね。

　受付での呼び出し方法は多種多様ですが、基本的には、初めて来社した人でも困ることがないように手順書が置いてあったり、係の人が待機していますので、心配することはありません。よくあるのは、電話の近くの内線表で部署名と電話番号を確認して連絡する方法です。また、単純に受話器を上げるだけで受付につながるところや、画面にタッチして担当者につながるシステムのところもあります。

　また、電話ではなく受付係の人やガードマンを通してすませる場合もあります。挨拶を行なった後、みなさんの会社名、名前を名乗り、約束をしている人の部署名、名前、約束時間を伝えて、取り次ぎをお願いしてください。

　受付用紙を書く場合は、入館時間、会社名、名前、目的、相手の名前などを記入します。控えを渡されたら帰りに担当者にハンコをもらうケースもありますから、手元に保管しておきましょう。

　恐れることなく、みなさんが積極的に受付の手続きをするようにしてください。

A. 二度目の訪問からはあなたです！

受付のポイント

● 受付電話

先方　「はい。○○部の○○です」
あなた　「○○会社の○○と申します。本日、私どもの△△が××様と○時にお会いするお約束をいただいております。恐れ入りますが、お取り次ぎをお願いできますでしょうか?」

● 対人受付

あなた　「○○会社の○○と申します。本日、△△部の△△様と、○時にお約束をいただいております。よろしくお願いいたします」
受付　「それでは、こちらにご記入をお願いします」

● 記入用紙の例

```
会社名 _____

氏名 _____

(電話番号記入の場合もある)____

人数 _____

約束している人の名前 _____

目的 _____

入館時間 _____
```

Q.060 応接室に案内された場合、どこに座ればいい？

　他社を訪問した際、訪問者は、通常上座に座ります。応接室に入ったら、まずどこが上座なのかを把握しましょう。

　応接室は、テーブルを挟んで対面で会話ができるように設定されていて、出入口から遠い席が上座、近い席が下座です。下座には応対者が座ります。

　さらに、上座、下座の中でも座る場所は決まっています。職位が高い順に奥から座るのが通常で、新人などの若手社員や年次の低い社員は、出入口に近い席に座ります。

　しかし、出入口が2カ所あり、上座と下座が判断できない、訪問者の人数と椅子の数が合わないなど、自分では予想していない事態が起こることもあります。この場合は、若手社員は、先方担当者が入室し、指示があるまで立って待っているのが無難です。

　また、自分の座るべき位置が明確な場合でも、同席している上司・先輩が、着席せずに立っている場合は、それに合わせて立って待つようにしましょう。

A.　新人はいつでも入り口に近い席！

応接室の上座と下座

● 応接室

※1から順に上座

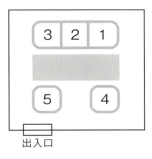
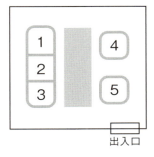

● 会議室

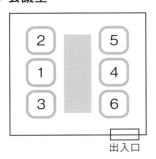

Q.061 名刺交換の方法は？

　ビジネスの場において初めての人と顔を合わせたとき、まず最初に行なうのが名刺交換です。名刺交換の手順については、次のポイントを参照にしながら、行なってください。

①名刺は、基本的には訪問した側から先に出す。
②名刺入れから名刺を取り出す。左手に名刺入れを持ち、その上に名刺を乗せる。名刺は、相手から見て正面に置く。
③会社名と氏名を名乗り、両手で名刺を差し出す。このとき会社名、氏名は、ゆっくりはっきり名乗るようにする。
④相手の名刺は、左手の上の名刺入れの上でいただく。いただいた名刺に右手をそえ、名前を確認して覚える。名前が読めない場合は、「失礼ですが、何とお読みしたらよろしいでしょうか？」と、この場で尋ねる。
⑤相手から名刺を先に渡された場合は、「恐れ入ります」「頂戴いたします」と言って、先にいただく。相手の名前を確認した後、「申し遅れました。私、○○会社の○○と申します。よろしくお願いいたします」と言う。
⑥もらった名刺を自分の名刺入れの上に乗せ、机に置く。

　名刺交換は、形式的なものではなく、相手の名前と顔を一致させるためのものです。名前を覚え、次に会うときは名前で呼べるようにしておきましょう。

A. 自分の名前からしっかり名乗ろう！

名刺交換の仕方

1対1の同時交換

① 自分の名刺を名刺入れの上に置く
② 名刺入れを左手に残し、名刺だけを右にスライドして相手の名刺入れの上に乗せる

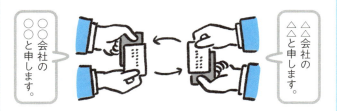

○○会社の○○○と申します。

△△会社の△△△と申します。

おすすめの名刺入れ

- 派手なロゴ入り等は避ける
- 革製
- 茶・黒・紺などのオーソドックスな色
- ブック形式

```
201×/4/20  商品プレゼン
女性向け商品が売れているとのこと

株式会社ABC商事
田中 一雄
                    〒×××-××××
                    東京都○○区○○町1-1
                    TEL ××-××××-××××
                    FAX ××-××××-××××
```

帰社したら、名刺ファイルを用意し、日付、面談目的などを記入してまとめておきましょう。その人の特徴やどんな会話をしたかを記入しておくのもおすすめです。

Q. 062 複数の人と名刺交換をするときは？

　複数の人と名刺交換をする場合は、通常、役職が上の人から順に行ないます。順番を間違わないように気をつけましょう。

　ポイントは、名刺入れの中から名刺を人数分用意し、名刺入れのふたの中に挟んでおくこと。そこから1枚ずつ名刺入れの上に置き、1人ずつ交換します。

　そして、いただいた名刺は、名刺入れの下に仮置きし、順番を間違わないように下に重ねていきます。

　すべての人と交換が終わったら、そのまま名刺入れの上に置き、その状態でテーブルに案内されたら、上席の順番に机の上に並べます。

　上司や先輩に同行する場合は、役職が一番上の人同士がまず交換します。その後、順次交換します。上司から紹介がある場合は、紹介してもらうのを待って名刺の交換を行ないます。紹介を受けたら、自分から歩み寄り、ハキハキと名前を名乗りましょう。上司や先輩に同行する場合は、会社名は割愛しても問題ありません。

　名刺をしまうときにもタイミングがあります。はじめはお茶が出されたとき、次は資料を出す前、そして辞去する前のいずれかが望ましいでしょう。最後まで名刺を出している場合は、辞去の挨拶があってからしまいます。上司や先輩がしまうタイミングも見ながら合わせるとよいでしょう。

A. 順番を間違えないこと！

複数人との名刺交換の仕方

● 上司の後に続いて交換する

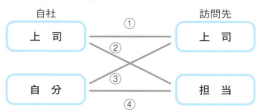

● 同時交換の手順

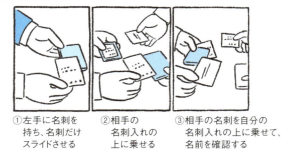

①左手に名刺を持ち、名刺だけスライドさせる
②相手の名刺入れの上に乗せる
③相手の名刺を自分の名刺入れの上に乗せて、名前を確認する

● 名刺は上席順に並べて置く

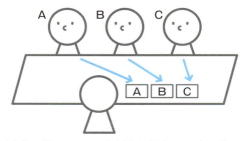

名刺交換が終わったら、名刺を名刺入れの上に乗せる。
複数人の場合は、上席から順番に並べて名前を覚える。

Q.063 お茶はいつ飲めばいい？

　訪問先でお茶が出されたら、担当者にすすめられてから飲むのが基本です。

　しかし、先方担当者の声かけがない場合は、話が進んだ頃に「頂戴いたします」と言って、口にすることもあります。上司が同席している場合は、上司が口をつけた後に飲むようにしましょう。

　また、退室間際までお茶に手をつけるタイミングがつかめなかったら、退室前に「せっかくですから頂戴いたします」と言って、一口でも口をつけて辞去します。全部飲み干す必要はありません。一気飲みも避けましょう。

　また、商談が長時間にわたる場合、お茶のお代わりが出ることがあります。そのとき、「ありがとうございます」と言えるタイミングがあれば、ぜひお礼を言いましょう。誰かが会話をしているような場合は、無理に声を出す必要はありません。黙礼をして感謝の気持ちを表わしましょう。

　基本的には、お茶を飲むタイミングは担当者にすすめられてから、そして上司と一緒の場合は、上司に合わせる、ということを覚えておきましょう。

A. お茶は担当者にすすめられてから！

訪問先でのお茶のいただき方

あなた / ありがとうございます / どうぞ

間もなく担当者が来る場合、担当者にすすめられてから飲む

あなた / 担当者

ありがとうございます。頂戴いたします / どうぞ、熱いうちに召し上がってください

● **上司と一緒の場合**

上司が口をつけたら飲んでもOK。ただし、一気飲みはNG！

Q.064 1人で訪問するとき、先方には何分前に行けばいい？

担当者と会う時間は、約束の時間ピッタリが好ましいでしょう。

初めて訪問する場所は、あらかじめ下調べをし、少なくとも10分前には訪問先に着くようにしましょう。時間ぎりぎりに行くと、想像もしていなかった建物の構造で、目的地まで着くのに時間がかかることがあります。そんなときはとてもあわてますから、ゆとりを持って行きましょう。

少し早く着いて身だしなみを整えるくらいの時間があれば、心に余裕ができます。

受付では、会社名と名前を名乗り「○時に○○部の○○様とお約束をしております」と明確に伝え、担当者に取り次いでもらってください。

ときには、到着時間が早すぎて居場所がないと感じることもあります。その場合は、受付で担当者の名前を告げ「少し早いので、時間が来たら取り次いでください」と伝え、エントランスで待っているとよいでしょう。

A. 10分前には着いていると、気持ちにゆとりが生まれる！

他社訪問のマナー

- 担当者に会う時間は、約束の時間ピッタリが理想。早すぎてもダメ。2、3分早いくらいがちょうどいい。
- もちろん、遅刻はNG！

● 初めての場所は、思いがけない計算違いがあることもあるから注意

えっ？　受付がもう1カ所あるの？

エレベーター前でこんなに並ぶとは思わなかった……

受付が混雑していて、けっこう待たされそう……

Q.065 訪問中、別のお客様から電話がかかってきたら？

　商談中の電話は、出ないことが基本です。集中していた商談が途切れ、話の流れがストップしてしまうと、お客様からは「配慮がないな」と思われてしまうでしょう。

　他社を訪問する前には、携帯電話の電源をOFFにするか、サイレントマナーモードにしておくのが基本です。必ず、商談前に確認しましょう。

　もし、電源OFFやマナーモードにするのを忘れて、電話が鳴ってしまったら、「申し訳ございません。大変失礼いたしました」とお詫びしましょう。

　このとき、電源を切るだけで、電話には出ません。商談が終了したあとにかけ直すのがベターです。

　もし、別のお客様と電話で連絡をもらう約束をしていたら、そのお客様に事前にお断りを入れ、商談時間にかからないような時間設定をするか、終了後に自分のほうからかける約束をしましょう。

A. 商談前に電源OFFかサイレントマナーモードに！

他社訪問のQ&A 7

商談時に緊急の電話を受けざるをえないとき

● 商談が始まる前がポイント

> 申し上げにくいのですが、本日、別のお客様から緊急の電話が入ることになっております。○時頃の予定ですが、少し席を外させていただいてもよろしいでしょうか？ 誠に申し訳ございませんが、よろしくお願いいたします。

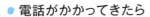

● 電話がかかってきたら

> 申し訳ございません。いったん失礼いたします。

通話は、手短に終えるのがポイント！

● 電話終了後はすぐに戻る

> 大変失礼いたしました。ありがとうございます。

前もってわかっていることは、事前にお客様に相談しましょう。
ただし、商談中に他の電話に出るのは基本的にNG。
商談中は、携帯電話は電源OFFかマナーモードがルールです。

Q.066 訪問先で予想外に時間が長引いたとき、次の約束はどうする？

　受講生がこんな体験を話してくれました。「前の商談が長引いて、次の商談に遅れました。前の商談が終わってから、急いで先方にこれから行くことを連絡したら、『今日はもういいよ』と断られてしまった」と言うのです。

　先方もその後の予定が詰まっていたのでしょう。忙しい中、せっかく時間をつくったのに、事前に連絡もせず遅れたことに腹を立てたのかもしれませんね。

　このように前の商談が思いがけず長引いた場合は、その商談が終わるのを待たずに、タイミングを見計らって次の商談先に一報を入れておくようにしましょう。

　次の約束があることを言い出せずに、時間だけがすぎていくことが一番いけないことです。先方にもその後の予定がありますから、直前に電話をすることがないよう、遅れることが決定的になったら、早めに連絡をしてください。

　また、一報するときは、どれくらい遅れるのか、ある程度具体的に時間の目途を伝えることが大切です。時間によっては、先方の予定を変更させてしまうこともあります。

　もし遅れる場合は、上司にも報告しておきましょう。場合によっては、上司から一報を入れたほうがよいことがあるからです。相手の立場に立って考えることが大切です。

A. タイミングを見計らって一報を！

他社訪問のQ&A 7

次の訪問先があるとき

● 商談のスタート時に伝えておこう

> 「大変恐縮ですが、この後に別件が入っておりまして……。
> 勝手ではございますが、○時頃に、こちらを失礼させていただけると助かります。よろしくお願いいたします」

話が長引く可能性があるお客様には、最初から必ず伝えておくといい！

● 最初に伝えていなかった場合

> 「大変申し上げにくいことですが、○時に別件の約束がございまして……。
> 一度、電話を入れてもよろしいでしょうか？」

話がいったん止まったとき、話がまとまったときなどのタイミングを見て、言い出す勇気を持ちましょう。

> もう終わるだろう……
> どうしようかなあ……
> 連絡したほうがいいかなあ……
> 言いにくいなあ……

Q.067 他社訪問先で帰るときは?

　応接室を出るときは、上司が先に出ます。上司は、先方の担当者と話しながらエレベーター前まで行くことが多いですから、その後ろを歩いて行きます。

　エレベーターが来たら、先方の担当者の案内により上司が先に乗り込みます。自分はその後に乗り、操作ボタンの前に立ち、「閉」のボタンを押します。

　同時に「ありがとうございました」と先方の担当者に向かって頭を下げます。このとき、ドアが閉まるまで頭は下げっぱなしにしておきます。その時間は、結構長く感じるかもしれませんが、途中で頭を上げないようにしましょう。

　また、先方の担当者がエレベーターに乗り込み、1階まで送ってくださることもあります。その場合は、エレベーターの操作ボタンは、先方の担当者が押してくださるのが一般的です。

　降りるときは、上司の後から続いて降ります。その場で別れる場合は、ここで丁寧なおじぎをしてその場を去ります。

　扉の向こうでしばらく見送ってくださることもありますから、扉を出てから一度後ろを振り向き、おじぎをしましょう。

A. 別れ際こそ、好印象を残すチャンス!

他社訪問でのエレベーターの乗り方

● 担当者がエレベーター前まで送ってくださった場合

❶ 上司が先に乗り込み、自分は後から乗り、
操作ボタンの前に立つ。

❷ 挨拶を交わしながら、降りる階のボタンを押す。

❸ ドアが閉まるまで頭を下げ続ける。

● 担当者が玄関先まで送ってくださった場合

❶ 担当者が先にエレベーターに乗って、
操作ボタンを押してくれるのが一般的。

❷ 乗り降りするときは、上司の後に続く。

❸ 丁寧なおじぎをしてその場を去る。
扉を出てから一度後ろを振り向き、おじぎをする。

Q エレベーターを待つ間、気まずかったら？

エレベーターを待つ間や、目的階までに着く間、思いがけず沈黙があり、どのように話をつないでよいかわからないことがありますね。そんなときは、あまり気負わず、目の前に映るもの、季節の変化などをうまく会話に取り入れましょう。窓から見える景色はいかがですか？　今の季節は、だんだん暖かく感じる時期ですか？　寒くなる時期ですか？　そういったことを会話にするといいでしょう。

Q 他社訪問後、直帰の予定の場合は？

他社訪問が終了したら、上司に報告するのが基本です。直帰する場合も、「終了したこと」「商談結果」を伝えます。上司は気にしていますよ。

8章

指示の受け方の Q&A

Q.068 「何度も同じことを聞き返すな」と言われたら？

「上司の指示を何度も聞き返すな」と言う人もいれば、出した指示を一つひとつ確認させる上司もいます。指示を出す方法は、上司によって違いますから、早い段階で上司の特徴をつかみましょう。

忙しい上司の場合、指示を手短に終わらせたい気持ちがあります。思いがけず、通りすがりに指示が出ることもあるでしょう。

指示が理解できていないのに、質問することを恐れていては、間違いのもとです。聞き取れなかったことや曖昧なことは、たとえ叱られても尋ねる勇気を持ってください。

タイミングは、指示を受けた直後がベストです。ただし、上司の話の途中に質問をしてはいけません。質問は、すべての話を聞いた後です。

また、メモに気をとられ、時間がかかると聞き逃しますから、指示を聞きながら、速く書きとめられるようにしましょう。

A. 上司のタイプをつかむのもコツ！

指示を受けるときの注意点

POINT

- 「はい」と返事をして、ペンとメモ帳を持って行く
- 話の途中で口を挟まない
- メモを素早くする（5W2H）
- 最後まで聞いたら、不明確なことを端的に質問する
- 要点を復唱し、確認する

● メモのとり方

上司の指示 「今日の夕方、店長会議があるんだけど、この資料を20部ずつコピーして、A会議室の机の上に並べて置いてもらえるかな」

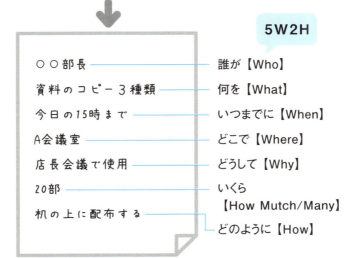

5W2H

○○部長	誰が【Who】
資料のコピー 3種類	何を【What】
今日の15時まで	いつまでに【When】
A会議室	どこで【Where】
店長会議で使用	どうして【Why】
20部	いくら【How Mutch/Many】
机の上に配布する	どのように【How】

Q.069 上司や先輩によって指示が違うときは？

　指示が、上司と先輩で言うことが異なり、どうしてよいのかわからないという質問もよく受けます。

　人に言われるまま動いていると混乱しますので、何を優先に考えたらよいのかを知っておくとよいでしょう。

　上司と先輩が違う指示を出した場合でも、基本的には上司の指示を無視するわけにはいきません。先に上司の指示をもらったところに、後から先輩に言われた場合は、「上司に○○と言われましたが、どうしましょうか？」と尋ねてみましょう。

　もし、現場を知っている先輩がそれは「違う」と感じたら、上司に相談してくれるでしょう。反対に、先輩から先に指示をもらった後に上司の指示が出た場合は、上司に「○○さんに○○するように言われましたが、どうしたらよいでしょうか？」と確認します。

　上司から先輩に話をするか、または上司が先輩の意見を尊重することもあります。いずれにせよ、1人で抱え込まず、相談することが大切です。

　いつまでも言われるままに動くのではなく、自分なりの考えを持つ習慣も身につけていきましょう。常に仕事の目的を考えるようにすると、先が見えてくるようになります。

　慣れてきたら、相談する際に「私は、○○と思いますが、それでよろしいでしょうか？」と自分なりの考えた結論を言えるようになると、上司や先輩も頼もしく感じるものです。

> **A.** どちらかの指示だけを、うのみにしないこと！

上司と先輩の指示が違ったら

「○○部長から○○と言われましたが、どうしましょうか?」

「○○さんから○○と言われましたが、
どうしたらよろしいでしょうか?」

と尋ねる

- キャリアを積んだら

  「私は、○○と思いますが、それでよろしいでしょうか?」

POINT

- 先に言われたことをうのみにしないこと。いずれかの指示も無視することのないようにしよう。

- キャリアを積んだら、自分の考えを述べることができると、評価がUP!

Q.070 上司の言うことがコロコロ変わるときは?

　指示が変わる背景としては、会社の方針そのものが変更になり、役員など上層部からの指示が変更になった可能性もあります。上司が社内の大きな会議に出席した後や、役員に呼び出された後に、指示内容を変更する場合は、その可能性が大きいかもしれませんね。または、お客様の希望が変わった場合や、上司自身の問題の場合もあります。

　あなたが担っているのは、1つの仕事の一部分だけであり、自分が見えないところで多くの人がその仕事に関わっています。まわりの人たちの動きを観察しながら日々過ごしていると、違った角度から物事が見えて、新しい発見ができるかもしれません。

　しかし、そうは言っても腑に落ちないまま仕事にとりかかると不満も募りますし、わからないことをうやむやにして、想像だけで仕事をしてはいけません。「これでいいのかな?」と不安があるときは、「お忙しいところ恐れ入ります。○○の件で少しお尋ねしたいのですが、今、お時間いかがでしょうか?」「先ほどは○○でしたが、△△に変わりましたか?」などと、躊躇なく確認しましょう。

　わからないことをうやむやにせず、小さなことでも一つひとつ解決していくようにすると、だんだん仕事全体が見えてくるようになります。こんなことを聞いてどう思われるだろう、などと気にすることはまったくないのです。相手を責めるような言い方をしないよう配慮して尋ねれば、問題はありません。

A.　臆せず確認しよう!

言うことがコロコロ変わる上司には

POINT

「おや?」と思ったら尋ねよう!

「お尋ねしたいのですが、先ほどの○○から、変更になったと考えてよろしいでしょうか?」

「承知しました。ありがとうございます」

Q.071 複数の上司や先輩に仕事を頼まれたら？

　仕事の指示を受けるときは、「期限」を明確にする習慣をつけましょう。急ぎなのか急ぎでないのか、自分で判断がつかない場合は、「いつまでですか？」と聞くようにしてください。

　そして、スケジュール表をつくり、書類に期日をメモしておくなど、自分なりに工夫して、抱えている仕事全体を把握しておくことが大切です。受けた仕事の数が多い場合は、各仕事の期限をメモしておきましょう。順番に並べたり、ふせんを使って仕事別に仕分けるのも1つの手です。

　また、仕事の優先順位を4つに分類する方法もあります。
①重要かつ緊急案件……数時間以内に終わらせなければいけないもの。クレーム対応、締め切りのある仕事など。
②重要ではないが緊急性のある案件……本日中に処理しなければいけないもの。電話、メール、会議など。
③重要だが緊急ではない案件……明日の処理でも問題ないもの。プレゼンの準備、企画の計画など。
④重要でも緊急でもない案件……時間があいたときでいいもの。机の整理整頓など。

　同じ項目の中で複数の仕事がある場合は、さらに細かく時間単位で優先順位をつけてみましょう。細かく見ていくと、いま自分がやらなければいけないことが、より明確になります。

A. 一つひとつの仕事の期限を明らかにすること！

仕事の優先順位

	重要度 →	
↑ 緊急度	① 重要かつ緊急な案件	② 重要ではないけど緊急性のある案件
	③ 重要だけど緊急ではない案件	④ 重要でも緊急でもない案件

「○○さん、これやっといて」

「はい承知しました」「いつまでに仕上げましょうか?」

「16時までに頼むよ」

「はい、承知しました。16時までですね。さっそくとりかかります」

「○○さん。悪いけどすぐこれ頼むね。急いでいるから」

> 課長の仕事は、16時までだから大丈夫だ……

「はい、承知しました。お急ぎですね。30分ほどで仕上げます」

Q.072 上司に仕事の報告をしたいが、いつも忙しそうだったら？

「上司に報告しようとしても、いつも忙しそうで、報告をしなくなった」という経験を持つ人は多いかもしれません。常に席にいない上司だと、席に着くや否や報告のために部下が行列をつくる、という職場もあります。

まず、口頭で受けた仕事は、メールの指示がない限り、口頭報告が基本です。しかし、上司が外出して終日席にいない場合は、「メールで報告しましょうか？」と提案をするのもいいでしょう。ただし、メールの使い方は、職場によって大きく異なりますから、様子をつかんでからが無難です。

次に、口頭報告のタイミングを考えてみましょう。忙しい上司ほど、常に顔色を見ながら動かざるを得ないのが現状です。上司とみなさんの席が近い場合は、仕事が一段落ついたかなと思ったときや、席を離れるときがチャンスでしょう。チャンスを逃さないことは大切です。

上司が見えない場所にいる場合は、「失礼します。〇〇の件でご報告したいのですが、ご都合いかがでしょうか？」と声をかけてみましょう。

報告をして、ようやく仕事は終了します。上司に「〇〇はどうなった？」と聞かれる前に、先に報告するタイミングをうまくつかみたいものですね。

A. 報告はタイミングが大事！

いつも忙しそうな上司への報告の仕方

POINT

● 「報告」チェックシート

- [ ] 仕事がすみしだい、ただちに報告していますか?
- [ ] 上司に催促される前に報告していますか?
- [ ] 長期にわたる仕事は途中経過をまめに報告していますか?
- [ ] 仕事が期限内に終わりそうにないときは、前もって報告・相談していますか?
- [ ] 報告は仕事を指示した本人にしていますか?
- [ ] 結論を先に、簡潔に報告していますか?
- [ ] 事実をありのまま話していますか?
- [ ] 必要なときには、文書での報告も併用していますか?
- [ ] 悪い報告ほど早めにする(ミスやクレームなど)

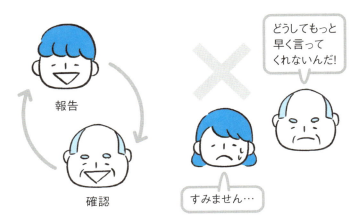

Q 仕事でのミス。誠意の伝わる謝罪の仕方は？

ミスをしたら言い訳をせず、「申し訳ありません」とまず言いましょう。そして、すべての注意を受けた後、「○○を△△ですね？」と間違い箇所について理解するようにしましょう。
また、とにかく謝ればいいという感じで、その場をやりすごそうという姿勢は見破られてしまいます。叱られているときは、叱られていることで頭がいっぱいになり、相手の言葉が頭に入ってこないことがありますが、ミスをした部分に気持ちを寄せましょう。
終わったら、「ありがとうございました。二度と同じミスをしないように注意いたします」と伝えます。

Q 上司と先輩、ミスを先に報告すべきなのはどっち？

その仕事の指示を、誰からもらったかによります。
上司からの指示であれば、上司に報告します。
先輩からの指示であれば、先輩です。その場合、先輩は上司に報告することになります。
ミスを広げないためにも、ミスの報告は早ければ早いほどよいのです。

9章 ビジネスメールのQ&A

メールのマナー

いつでもどこへでも情報のやりとりができるメールは、便利なツールです。ただし、メールは、一度送信したらとり返しがつきません。相手に失礼のないように、マナーをきちんと覚えておきましょう。

◆メールを送るときの注意点

①むやみに送らない。新入社員は、上司や先輩に確認してもらってから送付する。また「CC」に上司のアドレスを入れる。
②個人情報が知らない人に漏れないように細心の注意をする。「CC」「BCC」を理解する。
③誤送信に注意する。誤送信した場合は、すぐに上司に相談する。

◆急ぎの案件は注意

メールは便利ですが、相手にいつ見てもらえるかは不明。同時に電話で一報を入れましょう。
例「詳しいことは、ただいまメールでお送りいたしましたので、よろしくお願いいたします」

ビジネスメールのQ&A

```
宛先: cat@xxxxxxx.com
CC:  cat@xxxxxxx.com
BCC: dog@yyyyyy.com
件名:【ご連絡】新製品の会議

    △△株式会社 ❶
    △△様

    いつもお世話になっております。❷
    ○○株式会社の田中です。

    ・・・・・・・・・・・・・・・ ❸
    ・・・・・・・・・・・・・・・
    ・・・・・・・・・・・・・・・

    よろしくお願いいたします。❹

    ------------------------------
    ○○株式会社○○部○○課 ❺
    田中　優
    〒XXX-XXXX
    東京都○○区○○町 1-1
    TEL 03-XXXX-XXXX　FAX 03-XXXX-XXXX
    E-mail：xxxxx@xxxx.co.jp
```

宛先：宛先欄に表示された相手の名称に敬称をつけて送る

CC＝Carbon Copy：同じ内容を複数の人に送信できる。参考までに知らせたい人。宛先欄とCC欄は、互いに知っている人であること

BCC＝Blind Carbon Copy：複数の人に同時に同一のメールを送信できる。互いに面識がない複数の人に送る場合に使用する

件名：無題は、開封してもらえない場合もある。本文の内容を要約してつける

❶ 改行して読みやすくする。
　・社名……正式な名称で記載する。「株式会社」は前か後かも注意する。
　・部署名・肩書……会社によっては、頻繁に変わることもあるので注意する。

❷ 時候の挨拶などは不要。「お世話になっております。」などの挨拶言葉で始める。差出人の会社名と名前を入れる。

❸ 用件は、５Ｗ２Ｈで簡潔に明確に書く。文字が横に長くならないようにする。30文字くらいまでが読みやすい。日時などは箇条書きでわかりやすくする。

❹ 簡単な挨拶言葉で締めくくる。

❺ 会社名、部署名、住所、電話番号、FAX番号、メールアドレスを入れる。
　※添付ファイルをつける場合は、正しいファイルか確認する。

Q.073 「E-mailは、LINEじゃないんだ！」と叱られた。なぜ？

　最近よくあるケースです。LINE や Facebook のノリで「了解です」と一言だけで返信する、（笑）（汗）等を入れる、絵文字を入れる、などといったことは、ビジネスメールではＮＧです。

　社内のメールも、たとえ「バカ丁寧でなくてよい」と言われたとしても、言葉をはしょらないようにしましょう。

　まず、上司へのメールでは、宛名は「○○部長」「○○様」「○○さん」など。文章の書き出しは「お疲れさまです」。本文は基本的に敬語を使うのが一般的です。

　しかし、会社によっては、できるだけ簡潔にわかりやすくすることをよしとし、「お疲れさまです」などの書き出しの挨拶を省略するところもあります。社内ルールに合わせましょう。

　また、「件名」は、【依頼】【お知らせ】【ご連絡】【報告】などを入れたうえで用件を入れると、受け取った人がどんな用件のメールなのか、わかりやすくなります。

　ポイントは、どんなに短い回答であってもチャットではないことを認識しましょう。たとえば、「了解です」の一言だけではなく、書式にのっとり、「５Ｗ２Ｈ」（175ページを参照）で用件をまとめましょう。

A.　ビジネスでは、親しき仲にも礼儀あり！

社内メールの基本

> 複数の人にメールを送る場合は、「○○部各位」。
> 「各位」の後ろに「様」をつけるのはNG!

斉藤部長

お疲れさまです。
山田です。

○○社との打ち合わせの件、5月15日(月)で
決定との旨、承知いたしました。

> 「了解です」、(笑)、
> 絵文字はNG!

つきましては、打ち合わせ用の資料を
お送りいたします。
5月8日(月)までに○○社に提出する予定ですので、
5月1日(月)までにご返答いただけますと幸いです。

急なお願いで恐縮ですが、
何卒よろしくお願いいたします。

古川智子

> 上司にお願いする場合などは、
> 「ご多用のところ恐れ入りますが」など、
> 気づかいの言葉を入れる

Q.074 お客様へのメールは、上司に確認してもらったほうがいい？

　仕事は、組織で動いていますから、みなさんの行動が上司や先輩に見えるようにすることが原則です。特に上司や先輩は、新入社員のみなさんがお客様とどのようなやりとりを行なっているのか、お客様に失礼はないか、気にかかるものです。

　メールは便利ですが、むやみに送らない意識も必要です。場合によっては、電話が適切な場合もあります。

　メールは、慣れるまでは、上司や先輩に一度見てもらうとよいでしょう。送り先が間違っていないか、書き方はよいか、メールのやりとりでよいのかの判断も含め、確認してもらうことは、少しも恥ずかしいことではありません。

　また、上司や先輩を「CC」に入れることによって、みなさんがどのようなメールのやりとりをしているのか、把握することができます。

　先輩や上司をメールの「CC」に入れておけば、その案件の進捗をチェックしてもらうこともできます。重要なことはもちろん口頭で報告する必要がありますが、そこに至る経緯まで共有することは、とても大切なことです。あらかじめミスを防ぐ、ダブルチェックという意味でも有効です。

　お互いが見えるような仕事ができると安心ですね。

 A.　一度送ったメールは取り消せない！

新人のメールの注意点

● **メールを送るときの確認事項**

- [ ] むやみに送らない(メールか？ 電話か？)
- [ ] 宛先を間違わない
- [ ] 書き方はよいか
- [ ] 絵文字などは使わない
- [ ] 添付ファイルに漏れはないか
- [ ] 確実に送れているか

上司や先輩をCCに入れる

・上司にCCで送ったからといって、報告の代わりにはなりません。報告すべきことは、口頭や文書で改めて行ないましょう。

・迷った場合は上司もCCに入れておくと無難ですが、どのような場合に「CC」に入れたらよいのかわからなければ、「このようなときは、CCに入れたほうがいいですか？」と質問して、早めに理解していきましょう。

・最近は、CCのメールが多すぎて困るという上司は多いものです。CCに入れるように注意を受けたからといって、むやみやたらにCCに入れないように注意が必要です。
上司は、膨大な数のメール受信していますから、関係するメールだけに入れるようにしましょう。

Q.075 「CC」と「BCC」の使い分けは？

　メールの「宛先」には、その内容をメインで伝えたい人のアドレスを入れます。

「CC」とは、「Carbon Copy」の略で、直接の関係はないけれど、メールの内容を共有したい人のアドレスを入れます。

「宛先」「CC」のアドレスは、受信側にも全員分表示されますから、受信する人は、「宛先」と「CC」に表示されるメールアドレスのすべてを知ることになります。したがって、基本的には、お互いにその人のことを知っていることが原則です。個人情報の漏えいにつながりますので、宛先欄と「CC」欄には、お互いに知らない人のアドレスを入れることは避けるようにしてください。

　また、「CC」に入ってきたメールに返信するかどうかは、内容によってさまざまです。迷った場合は、先輩に相談しましょう。

　もし返信する場合は、誰に同時に送信したかわかるように「全員に返信」をしましょう。

　一方、「BCC」とは、「Blind Carbon Copy」の略です。BCC欄のメールアドレスは、送信者にしかわからないようになっていますので、お互いに面識がない複数の人にも、メールアドレスを知らせずに送ることができます。

　非常に便利ですが、受信者にとっては、不特定多数の人に送った重要度の低いメールと捉えられることもあります。気をつけて使用してください。

A. 面識があるかどうかで使い分ける！

「CC」と「BCC」

● BCCに入れるとき

・取引先へのメールを上司と情報共有する場合

・面識がない複数の相手にメールを送る場合

POINT

「一斉配信のためBCCで失礼します」
「本メールは、関係者にBCCで送信しています」と
一言そえましょう。

● CCに入れるときの注意点

・社外の人に「CC」で送る場合は、相手の宛名の下に
「CC:○○様」と入れます。

○○株式会社
部長
○○様
(CC:○○様)

Q.076 メールの返信は、早いほうがいい?

　メールの返信は、早ければ早いほどうれしいものです。特に回答を期待する場合などは、相手がメールを見たかどうかも気になります。遅くともその日のうちに返信するのが理想です。
　自分自身で答えられないときや、結論が遅くなるようなら、進捗状況だけでもその日のうちに連絡しましょう。
　万が一、メールを見るのが遅くなった場合は、一言、お詫びを入れたうえで返信すると丁寧です。

　また、メールのやりとりの回数が多くなり、いつ終わりにすればよいのかわからず、悩む人もいます。
　たとえば、Aが質問をし、Bが回答します。Aはお礼のメールをします。他に質問がなければ、このあたりで終了です。
　LINEのように、一言ずつ、聞きたいことだけを聞いたり、言いたいことだけを言ったりするようなやりとりはしないように注意してください。

　メールのやりとりに回数の決まりはありませんが、何度もやりとりをしなくてすむような配慮があると、ありがたいものです。そのためには、簡潔で漏れのない内容にすることが大切です。

A.　遅くともその日のうちに!

メールの返信の基本

POINT

- **返信はなるべく早めに**
  メールの返信は早ければ早いほどいい。
  その日のメールは、その日のうちに出そう。

- **返信が遅れた場合**
  「メールの確認が遅くなりまして申し訳ございません」と一言そえて、返信する。

- **やりとりの回数は少なく**
  メールのやりとりは、何回も行き来しなくてすむようにしたい。漏れがないか確認して送ろう。
  （例）A：質問 ➡ B：回答 ➡ A：お礼

- **LINEとは違う**
  LINEのように一言だけのやりとりはしない。

気をつけたい言い回し

「この前のお話」	➡ 「先日のお話」
「やっぱり」	➡ 「やはり」
「こんなふうに」	➡ 「このように」
「○○いただきたいと思います」	➡ 「○○をお願いしたく存じます」
「時間をもらって」	➡ 「ご多忙のところお時間をいただきまして（ありがとうございました）」

Q.077 取引先に初めてメールを送るときの書き出しは？

　取引先に初めてメールをする場合、書き出しをどうしたらよいのか悩むものです。
「はじめまして」と始める人も多いのですが、カジュアルな印象を与えます。「初めてメールをさせていただきます」「突然ですが、メールで失礼いたします」などの言葉が適切でしょう。

　今後、取引のご縁をいただきたい場合は、「突然ですが、メールで失礼いたします。○○株式会社の○○と申します」と書き出すと、きちんとした姿勢が感じられ、好印象です。
　これから取引先になる可能性がある場合、メールの印象が悪いとつまづいてしまいますので、適切な言葉づかいを心がけるようにしてください。

　また、初めてメールを送る場合、そのメールを見るかどうかは、相手しだいです。読んでもらうためには、特に「件名」を入れ忘れることがないよう、十分に気をつけてください。
　曖昧にせず、明確なタイトルを入れると目にとまりやすいものです。本文も長文にならないように、簡潔にわかりやすくしましょう。
　すでに取引がある場合は、「お世話になっております。○○会社の○○でございます」という書き出しが一般的に使われます。

A. カジュアルすぎるメールはNG！

初めての取引先へのメール

● 例文

件名　【ご連絡】○○の件

○○株式会社
課長　○○様

突然のメールで失礼いたします。
○○株式会社の○○と申します。

本日、○○の件でご連絡・・・
・・・・・・・・・・・・・・・・・・・・・・・
・・・・・・・・・・・・・・・・・・・・・・・。

何卒よろしくお願い申し上げます。

○○株式会社
○○課
○○ ○○
電話番号 03-XXXX-XXXX
E-mail xxxxx@xxxx.co.jp

POINT

・すでに取引のある会社の場合、挨拶文は「お世話になっております。○○課の○○でございます」でOK！

・まだ取引のない会社に初めてメールをする場合、迷惑メールとして扱われないために、「件名」を入れ忘れないこと。ひと目で何のことかわかるようにしよう。

Q.078 お客様からメールで質問がきたが、自分では判断できなかったら?

「お客様とのメールのやりとりで回答がわからないとき、どうしたらいいのだろう?」

最初の頃は、こんな不安が生まれるものです。お客様から回答を求めるメールがきても、入社して間もないみなさんには、わからないことがたくさんあります。

しかし、メールを受信しっぱなしで何の返答もしないということは避けてください。

先輩が外出していて聞ける人が誰もいない場合は、一度、お客様に受信した旨を連絡しておきましょう。回答がいつ頃になるかも合わせて連絡しておくと、お客様は安心します。

上司や先輩が帰社したら、早めに内容を伝え、その日のうちに回答できるとよいですね。

また、緊急を要する場合は、出かけ先の先輩や上司に連絡をとって指示を仰ぐこともあります。

メールを受信したままで返信を怠ると、トラブルのもとになりますので十分に注意してください。

少しでも不安がある場合は、上司や先輩に何らかのアクションをとり、確かな内容で回答しましょう。

> **A.** まずは受信したことだけでも返信を!

お客様からのメールの回答がわからないとき

> ○○株式会社
> ○○様
>
> お世話になっております。
> ○○株式会社の○○でございます。
>
> ○○の件、お問い合わせありがとうございます。
> お急ぎのところ誠に申し訳ございませんが、
> 詳細がわかりしだい、ご連絡いたしますので、
> お待ちいただけませんでしょうか?
>
> 何卒よろしくお願い申し上げます。
>
> ○○株式会社
> ○○部○○課
> ○○○○

上司や先輩に確認後に回答がわかったら →

> ○○株式会社
> ○○様
>
> お世話になっております。
> ○○株式会社の○○でございます。
>
> ○○の件、大変お待たせいたしました。
> ご連絡が遅くなり、申し訳ございません。
> ○○が○○○○ということでした。
> ・・・・・・・・・・・・・・・・・
>
> 何卒よろしくお願い申し上げます。
>
> ○○株式会社
> ○○部○○課
> ○○○○

- ☐ なるべく早く返信する
- ☐ 相手の質問や依頼のすべてにコメントする
- ☐ 回答が遅くなる場合は、受け取ったことだけでも連絡する

Q 急ぎの場合もメールでいい？

急ぎの場合は、電話が基本です。ただし、内容が細かく文章にしたほうがわかりやすい場合は、両方の手段で伝えます。
会話例（電話）：「ただいま、○○の件でメールをお送りいたしました。詳しいことは添付いたしましたので、よろしくお願いいたします」

Q クレームのメールがきたら？

クレームなど緊急性があるものについては、上司や先輩に直接、話をすることを忘れないでください。
クレームがメールできたとしても、まずは上司や先輩に直接、報告するのが基本です。そのうえで、詳しい状況を連絡するためにメールを使いましょう。
お客様に重要な用件を伝える場合は、「詳しくは、メールでご連絡いたします」と、電話で一言そえるといいでしょう。

10章

会話と
コミュニケーションの
Q&A

Q.079 早口と言われる。どうしたらゆっくり話せるようになる?

　会話をしているとき、相手から何度も「えっ?」と聞き返されることはありませんか? また、言葉の意味を違うように解釈されて、誤解を与えてしまったという経験はありませんか?

　早口で話をしても、スピーディーに会話が進むわけではありません。言い直しをしなければならないと、かえって時間がかかり、非効率になります。さらに、聞き手は理解するのに神経を使いますから、思わぬ負担をかけているかもしれません。

　早口の原因のひとつに、口の開きが小さいことが考えられます。口の開きが小さいと、会話のスピードが速くなってしまうのです。

　他にも、ある特定の一部の発音だけが速くなる人、会話全体のスピードが速い人などのタイプが見られます。

　特定の一部の発音が速くなる人とは、たとえば「ラ行」や「サ行」の発音がはっきりしないために、その部分の単語が聞き取れず、全体的に早口と思われる人です。

　このような人は、自分のどの音がはっきりしないのかを知る必要があります。弱い音がわかったら、1日に1回、口の開け方を意識しながらはっきりと発音できるように練習することで克服できます。

A. 句読点で「間」をとるのがポイント!

言いたいことを強調するコツ

- **腹式呼吸で会話をするように意識する**
  ……吸い込んだ空気の量が少ないと速くなってしまう。

- **母音は、口を縦に開ける。指が縦に2～3本入るくらい**
  ……口を横開きにして省エネルギーで話すと速くなってしまう。

- **句読点で「間」をとる**
  ……「、」「。」は、聞き手にとっても頭の整理ができ、ほどよい「間」になる。「。」で1拍とろう。

- **一文を短く話す**
  ……だらだら話すと、言いたいことが伝わらなくなる。一文は4～5文節が適切。

● **句読点を意識した例文**

私が、入社して一番つらいことは朝早く起きることなんですけど学生時代は8時に起きて家を出ていたんですけど今は、6時半には家を出なくちゃいけないので……帰りはだいたい9時過ぎできついですけど頑張ります。

私が、入社して一番つらいことは、朝早く起きることです。学生時代は、8時に家を出ていましたが、今は6時半に出ています。また、家に帰るのは、9時過ぎなんです。きついですけど、頑張ります。

POINT

❶ 大切な部分をゆっくり、はっきり
❷ 適度な間
❸ ほどよいアイコンタクト

Q.080 声が小さいと言われる。どうしたら大きな声が出せる？

　友達との会話では大きな声が出るのに、人前で話すときなど、緊張すると声が小さくなる、という人は多いのではないでしょうか？

　緊張で声が小さくなる場合は、職場に慣れると大きな声が出るようになるかもしれません。でも、最初にマイナスの印象を与えてしまうのは、もったいないことです。気づいたときにできることから始めましょう。

　まず、毎日発声練習を行ない、腹式呼吸でお腹から声を出せるようにしましょう。腹式呼吸で発声ができるようになると、声の出し方が変わってきます。

　そして、人に呼ばれたら、大きな声でお腹から「はい」と返事をすることを心がけてみてください。その返事が相手に届くようになったら、自信がついてきます。

　もちろん、ハキハキと口を開けて話をすることも忘れないようにしましょう。語尾が消え入るような話し方は、相手をイライラさせることもありますから、最後までしっかり同じ大きさの声で話すことが大切です。

　また、声が小さいと態度も小さくなり、おどおどして見えてしまいがちです。話をするときは、背筋を伸ばし、姿勢よく相手の目を見て話しましょう。

A. お腹から声を出す習慣を！

大きな声を出す練習

腹式呼吸の仕方

①足を肩幅に開いて、
　手をお腹に当てる。

②鼻から空気を吸って、
　お腹に空気をためる。お腹がふくらむ

③口からゆっくり空気を吐き切る。
　同時にお腹がへこんでくる。

慣れるまで①〜③の呼吸を数回続けよう。このときに胸式呼吸にならないように注意。胸式呼吸の場合は、肩が上がる

④「あー」と声を出しながら、①〜③を繰り返す。

立って腹式呼吸をするのが難しい場合

横になって行なうと、わかりやすい。

Q.081 子供の頃から発音が悪いと言われる。どうしたら治る?

　子供の頃から、学校の先生や親から「言葉がはっきりしない」と言われ、でも自分ではどうしたらいいのかわからない、と悩んでいる人は多いものです。

　言葉がはっきりしない理由として、お腹から声が出ていないために相手に聞こえにくい、発音が悪く言葉がはっきり聞こえない、早口で話すためにわかりにくい、などがあげられます。まずは、口を大きく開けて話すことを意識しましょう。

　口を開けずに、唇だけを無意識に動かして話をする人は意外と多いものです。しかし、この話し方だと、どの音も唇を横に引きながら話すことになるため、聞きにくい音が出てきてしまいます。

　日本語は、母音をはっきりさせないと明るさが出ません。特に母音は、「ア」行の音を発するときに唇を、縦に大きく開けて発します。

　まず、自分の口の開け方をチェックしてみてください。「ア」という発声をしたときに指を縦にして何本入りますか？　少なくとも指2本は入るよう、日々の会話で意識してみてください。

　長年の習慣を変えることは大変ですが、母音の口の開き方を意識するだけでも、話し方がだいぶ違ってきます。

　また、早口と言われる人の中にも、同じように口の開きが足りない人は多いです。意識的に実践してみましょう。

A.　母音をはっきりさせるのがコツ!

発音の練習

● 1日1回、口の体操をしよう!

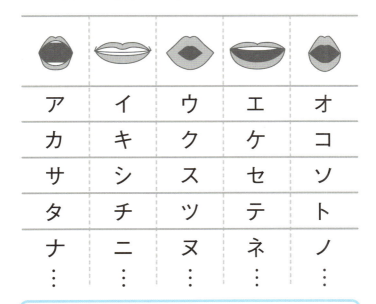

ア	イ	ウ	エ	オ
カ	キ	ク	ケ	コ
サ	シ	ス	セ	ソ
タ	チ	ツ	テ	ト
ナ	ニ	ヌ	ネ	ノ
︙	︙	︙	︙	︙

● 縦開きの練習

「お綾（あや）や　母親に　お謝（あやま）り
　母親は　お綾を　お哀（あわ）れみ」

● 横開きの練習

「菊桐（きくきり）　菊桐　三菊桐（み）
　合わせて　菊桐　六（む）菊桐」

Q.082 話をするとき、相手の目を見て話せなかったら？

　人の目を見ながら話をすることが苦手な人は多いものです。そういう人は、緊張すると、床を見ながら話をしたり、窓に目を移したりしてしまいます。
　しかし、このような話し方は、消極的に見えたり、自信がなさそうに見えたり、またはその話に真実味が感じられなかったりします。目を見て話すのが不得意だからといって、それを避けることなく、ゆっくりと試しながら前に進みましょう。

　私たちは、会話をするとき、どれくらいの時間、相手の目を見ているのでしょうか？
　実際、視線が合う時間は１秒くらいの人が多いようです。しかし、１〜２秒では、目を見て話をしているように見えません。もう少し頑張って、少なくとも３秒くらいはその人の目を見ると、印象が違って見えます。
　しかし、そうは言っても、まばたきもせずジーッと見るのではありません。会話のポイントと思うところで目を合わせるようにしましょう。
　仕事では、相手の本音を探りながら提案することもあります。目は「心の窓」とも言います。その人の本音を見逃すことがないように、今のうちからチャレンジしましょう。

A. 目の動かし方がポイント！

相手の目を見るコツ

POINT

・相手をテレビの画面の中に入れるイメージで
……相手のまわりにテレビ画面の枠を設けて、
視線がこの画面からはずれないようにする。

会話しながらアイコンタクトをとる方法

①会話の重要ポイントで相手の目を見る
②ネクタイの結び目あたりに視線を外す
③会話のポイントで再度、目に戻る

横に視線をずらす場合は、相手の肩幅以内の範囲を、自然に視線を動かしながら会話をしていくと違和感がない。

Q.083 緊張して、お客様とうまく話せなかったら？

　初めてお客様と接するときは、緊張して体も心もかたくなり、思うように会話ができないかもしれない、という心配はつきものですね。

　みなさん、話が苦手な理由を「話が下手だから……」「人見知りだから……」とおっしゃいます。でも、お客様に話しかけられたら黙っているわけにはいきませんね。

　会話上手になるには、相手の話を受け止めて「聴き上手」になることです。うまく話そうなんて思わなくていいのです。新入社員のうちは、知らないことは「教えてください」という気持ちで、素直に耳も心も傾けましょう。

　ある受講生が、お客様に褒められて「ホントですか？」と言ったら、帰り際に上司に叱られたそうです。どんな会話も「ホントですか？」と受けるクセがあったのですね。

　お客様も「せっかく褒めたのに、疑っているのかな」などと感じて、話す気がなくなってしまいます。

　気づくと、いつも同じあいづちを打っていませんか？　言葉のパターン化には、注意をしましょう。反射的に口から出てくる言葉は、立場や世代の違う人からは受け入れてもらえないことがあります、4章のQ.24も参考にしながら、「あいづち上手」から「聴き上手」を目指してください。

A. あいづちで相手の話を受け止めよう！

気持ちを表わすあいづちで聴き上手

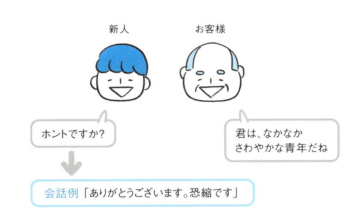

会話例 「ありがとうございます。恐縮です」

POINT

気持ちに近い言葉に置き換えて表現する

- 人に褒められたとき
  「ありがとうございます」

- 会話に同調するとき
  「私もそう思います」「おっしゃるとおりですね」

- 驚いたとき
  「それは驚きますね」「それはすごいですね」

- 感激したとき
  「すばらしいですね」

- 相手の苦労話や困った話を聞いたとき
  「それは大変でしたね」「それはご心配でしたね」

Q.084 世間話が苦手だったら？

　学生時代に年上の人と敬語を使って話をする機会はありましたか？　敬語にコンプレックスを持っていると、なおさら緊張が高まります。敬語アレルギーを早く克服しましょう。

　世間話ができるようになるためには、さまざまな情報を知っておくことが大切です。世の中のできごとはもちろんのこと、お客様の趣味などを把握しておくと、会話が進みます。

　お客様の趣味などは、さり気ない会話の中から出てくることがよくあります。どのような話でも興味を持って、会話の内容をキャッチしておきましょう。

　さらにそこから会話をふくらませるためには、知識も必要です。本、雑誌、テレビなどから情報を得て、いろいろな考えや見方を知ったうえで、自分の意見を言えるようになることを目指しましょう。

　また、自分の得意分野については、誰にも負けないくらいイキイキ話せるといいですね。

　会話としてふさわしくないのは、宗教や政治の話です。宗派の違いや支持政党の違いは、その人の価値観に関わることでもありますので、避けるようにしましょう。

　お客様との商談の中で出てきた趣味などのさり気ない会話は、後でメモをしておくと忘れません。

A. 普段から情報通を目指そう！

世間話のコツ

キドニタチカケシ衣食住

- **キ** 季節・気候
- **ド** 道楽　趣味の話が出たら覚えておこう
- **ニ** ニュース・新しい情報　新聞を読む習慣をつける
- **タ** 旅
- **チ** 知人　共通の知人の話
- **カ** 家族　ねほりはほり聞いてはいけない。相手が話題に出したらOK
- **ケ** 健康　重病や言いたくない病気などもあるので、「風邪が流行っていますね」程度が無難
- **シ** 仕事
- **衣** 衣類・お召し物
- **食** 食べ物・食事処
- **住** 住まい

＊注意：個人情報に関する話題は、よほどの信頼が生まれなければ控えること

最近ゴルフは、いかがですか？

ええ、この前の休みに行きましたよ。スコア、散々でした

素敵なブラウスですね。よくお似合いです

ありがとうございます！うれしいです

Q.085 方言で話してはいけない？

　地方に行っても、方言を聞くことが少なくなってきましたね。全国チェーンを展開しているコーヒーショップやファミリーレストランでも方言を聞く機会が少ないのは、会社の方針で共通語に統一しているからかもしれません。

　しかし、会社にそのような方針がなければ、地元のお客様には、地元の言葉がなじみます。お客様の話す方言に合わせて会話をすると、心の距離も縮まるでしょう。

　とはいえ、接客側が地元の人でもないのに無理に方言を使うと違和感を抱くこともありますから、ほどほどにしましょう。

　反対に、電話で先方の方言が聞き取れないという悩みも多く聞きます。そんなときはまず、早口でまくし立てず、会話のリズムを合わせましょう。

　相手のペースで話をし、一つひとつ聞き取ったことを確認しながら、ゆっくり会話をしましょう。

　理解が難しく、何度も繰り返し聞く場合は、「何度もお尋ねして申し訳ありません」と一言そえれば、きっと嫌がることなく答えてくれます。親近感がわいて受け入れてもらえることもあるでしょう。

　一度この関係をつくっておけば、次からは話がしやすくなり、少しずつ理解も深まっていきます。

A. お客様の話す言葉に合わせればOK!

方言でのコミュニケーション

● 方言のルールは？

……会社のルールがなければOK。地元の人が地元の言葉で話をすることに問題はない。

Q.086 朝礼でスピーチをするときは？

1分間スピーチの順番が回ってくると、「1週間前から悩みます」という人も多いことでしょう。人前で話をするときには、誰でもあがるものです。その原因としては、準備が不十分なために、焦って不安な気持ちになり、動揺してしまうケースが多いです。

そうならないために、十分に準備をして臨みたいですね。

まず、話す内容は、なんとなく考えるのではなく、ノートにまとめると頭の中の整理がつきます。数日前に書き起こし、何度も見直し、書き直していくうちに「もっとこう言いたいな」「このほうがいいかな」と磨かれていきます。スピーチに慣れるまでは、面倒臭がらずこの作業を丁寧に行なうようにしましょう。

そして、スピーチを成功させるもう1つの方法は、話の仕方です。みんなの前に立ったらいきなり話さず、一呼吸置きましょう。そして、ゆっくりにこやかに挨拶して、名前を言い、話し始めます。

話している間は、視線をS字型に動かし、全体を見渡すようにすると、聞いている人に落ち着いた印象を与えます。ニコニコと聞いてくれる人を見つけたら、その人に語りかけるように話し、次の人へと目を移していくのがポイントです。

A. いきなり話し始めないのがコツ！

スピーチであがらないために

- 準備を十分にすること
- すぐに話し始めない。全体をにこやかに見回し、一呼吸置いて、きちんと挨拶する
- 自分の部署名と名前から話し始める
- できるだけ早くしっかり聞いてくれている人を見つけ、その人に語りかけるようにする。そして、次に聞いてくれる人に目を移していく

● アイコンタクトのコツ

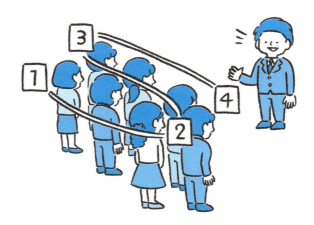

・アイコンタクトは、視線をS字に動かす
　全体を四角に見て、自分に近い人2名、一番遠い2名にしっかり目配りする
・照れて下や上を見たり、視線で宙を追ったりしないように注意

Q 話し方がきついと言われたら？

話し方がきついと言われた場合は、語調に注意しましょう。たとえば、「私は、○○と思います（ ↗ ）」と語尾を強くすると、きつく聞こえます。
また、人にお願いするときは、「○○してください」と命令的な口調ではなく、「○○をお願いします」とお願い調で言うと、ソフトに聞こえます。

Q 会議では意見を言ったほうがいい？

意見は、求められたら発言するほうがよいでしょう。会社があなたに期待することは、フレッシュな感覚のアイデアです。意見の述べ方の注意点は次のとおりです。
・会議内容のテーマにそっている
・挙手をし、指名されてから発言する
・途中で質問するときは、「ちょっとよろしいですか？」と許可を得てからにする
・語尾まで話す
・結論から話し、理由や根拠などを述べる

11章

仕事で悩んだときの
Q&A

Q.087 「何でも聞いて」と言われたのに、いざ質問すると嫌な顔をされたら？

　先輩は、「何でも聞いてね」と言うけれど、実際に聞けば嫌な顔をされることがある、と嘆く人は少なくありません。一度それを経験すると、次に聞くのは勇気がいりますね。

　それではどうしたらよいのでしょうか？

　まずは、先輩の立場に立って考えてみましょう。先輩には自分の仕事があります。もしかしたら、締め切りに追われているのかもしれません。話しかけられることによって、とりかかっていた仕事を最初からやり直さなければならないこともあります。

　そう考えると、質問するときは、タイミングが大切なのだと気づきますよね。

　まず、質問したいときは、仕事をしている先輩の様子をよく見ましょう。先輩がパソコンの手を止めて顔を上げたり、立ち上がったりしたときは、声をかけるチャンスかもしれません。「後にして」と言われた場合は、そこで質問するのをやめるのではなく、可能な時間を尋ねるようにしましょう。

　質問の仕方にもコツがあります。仕事をしている先輩は、忙しいはずですから、いきなり尋ねずに、確認の言葉をかけます。

　「○○についてお尋ねしたいので、今、少しお時間をいただきたいのですが、よろしいですか？」と声をかけてから質問に入ります。みなさんのペースで唐突にならないよう、質問のタイミングを見計らうことが大切なのです。

A. 質問のタイミングもポイント！

上手な質問の仕方

- 「お忙しいところ恐れ入ります。今お時間よろしいですか?」
- 「少しわからない点があるので教えていただきたいのですが、ご都合いかがでしょうか」
- 「以前教えていただいたのに申し訳ありませんが、もう一度お願いできませんでしょうか?」
- 「この部分がまだわからないのですが よろしくお願いします」

- 「よくわかりました。ありがとうございます」

POINT

- タイミングを計ろう
- 聞き方に配慮しよう
- 以前に教えてもらっていないか確認しよう

今は忙しそうだな……
後にしよう……

Q.088 「この前も同じこと言ったよね」と言われたら？

　先輩から言われる「この前も同じこと言ったよね」という言葉は、みなさんにとってはとても傷つく言葉ですね。私の研修でも、受講生から毎回聞く悩みです。それほど多くの人が言われているということですね。

　対策としては、ノートに日付と教わった内容を書いておきましょう。チェック欄をつくり、二度同じことを言われたらチェックを入れる。そうすると、2回言われた内容が明確になり、3回同じことを言われないように気をつけることができます。

「この前も同じこと言ったよね」と言われてしまったら、まず「申し訳ありません」と謝りましょう。黙っているのはよくありません。

　次に、なぜ間違ったのか反省しましょう。理由がわかれば、三度の間違いは、起きないでしょう。

　前に聞いたかもしれないと思ったら、先に「すみません。この前聞いたかもしれないのですが……」と前置きして尋ねる方法もあります。

　教わったときに少しでも腑に落ちないことや、わからないことがあれば、そのままにしないで質問しましょう。先輩は、みなさんの質問を歓迎しています。

　先輩が困るのは、反応がないことです。率直に理解できたこと、わからないことを言えるようにしましょう。

A. 同じミスは繰り返さない工夫を！

教えてもらったことはノートに書く

月日	タイトル	内容	1回	2回	3回
4/12	PC操作	○○資料のつくり方	×		
		①‥‥‥‥‥‥‥‥‥‥‥‥‥‥‥‥。		4/15△	
		②‥‥‥‥‥‥‥‥‥‥‥‥‥‥‥‥。			4/16○
4/16	コピー	コピー機の操作方法	○		
4/17	電話のとり方	相手の名前を確認すること	△	4/18○	

POINT

・注意を受けたらノートを見直す
・わからない場合は、「何が」「どこが」わからないのか伝える
・先輩に感謝の気持ちを伝える

Q.089 まわりの人たちが忙しそうにしているのに、自分は暇なときは？

「まわりの人は忙しそうだけど、私は暇で、することがない」という声をよく聞きます。でも、教わり上手な人は、1つの仕事が終わると「他に何かありませんか？」と常に仕事探しをしているものです。

まずは、1つの仕事が終わったら、先輩に「他に何か私にできることはないでしょうか？」と聞いてみるのも手です。あなたが早く一人前になることは、職場の誰もが期待しているわけですし、あなたの意欲は伝わるはずです。

上司や先輩から指示が出なければ、まわりの人がどんな動きをしているか、観察してみましょう。すると、仕事の全体がだんだんと見えてくるようになります。

そうしたら、「○○しても、よろしいですか？」「○○が終わりました。次は、○○をやりましょうか？」と自分ができること、やるべきことを提案してみてください。あなたの成長を、先輩は頼もしく思うでしょう。

一人前に仕事をするということは、常に自分でやるべきことを考え、行動できるようになることです。言われたことをやるだけでは、ただの「作業」にすぎません。

A. 自分でもできることを見つけよう！

自分の仕事を見つけよう

「私に何かできることはないでしょうか?」
「○○をしても、よろしいでしょうか?」
(自分にできそうだったら)「私がやります」

黙って指示待ち
自分から動かない

単調な仕事が嫌になったら？

　入社数カ月後、「私、会社を辞めます」と言う受講生がいました。びっくりして「どうしたの？」と聞くと、「お茶出しやコピーとりばかりで仕事がつまらない。やりたい仕事は、ちっともやらせてもらえない」と言うのです。

　確かに、ただコピーをとればいいと思っていると、おもしろくないでしょう。でも、やり直しをせず、時間をかけずに、依頼者が感心するようなコピーとりができていますか？

　また、いつもコーヒーのブラックをお飲みになるお客様に、「ミルクとお砂糖はいかがなさいますか？」と、毎回聞いていませんか？　一人ひとりの好みを把握するようなお茶出しができたら、お客様にきっと喜んでいただけます。

　新人は、こんな仕事から始まることがほとんどです。こうした仕事のことを「雑用」と呼ぶ人もいますが、仕事に雑用なんてありません。どんな仕事でも、それを完璧にこなすことは、難しいものです。こんな一つひとつの仕事を上司や先輩は見ています。

　コピーをとれば「いつも完璧だね」、お茶を出せば「おいしいね」と言われるように、一つひとつの仕事に楽しみを見いだしながら完璧を目指してみてください。自分のやりたいことに近づける一歩になりますよ。

A.　仕事の工夫を楽しもう！

どんな仕事もパーフェクトを目指そう

● コピーとりでも、確認ポイントはこんなにたくさん

	確認すること
どのように	・社内向けか？　社外のお客様向けか？ ・コピーをとるだけ？　コピーをして会議室に並べるまで？
参加者	・50代が多い。文字を大きくし、色も濃くしたほうがいい？
いつまでに	・14時から使用するので、13時半には準備を終えればいい？
場所	・予定している会議室に、前の打ち合わせの資料やお茶が残っていない？
どのように	・ホチキスでとめるべき？　クリップでとめるべき？ ・両面コピーにすべき？ ・用紙のサイズは？　原寸か？ ・各テーブルの上に並べておけばいい？　司会者が配る？
部数	・何部つくればいい？　予備は必要？

LEVEL UP!

「○○課長、今日14時から会議ですね。資料をコピーしましょうか？」

「いつものとおり、左上をホチキスでとめればよろしいですか？」

「机の上に並べ終えたら、報告します」

「今回はお茶の用意はよろしいですか？」

Q.091 「気が利かないなあ!」と言われたら?

　いざコピーをとりに行ったら、「あれっ!　用紙がない。さっき使った人は誰?　用紙を入れておいてくれたらいいのに……」という経験をしたことがある人は多いはず。
　また、お茶をいれようと思ったら、茶葉がなくなりかけていても、見て見ぬふりをしたことはありませんか?
　こんなとき、次に使う人のことを考えていないと、「気が利かない」と言われてしまいます。
「気が利く」というのは、仕事の一歩先が読めて、それを行動に移すことができる人のことをいいます。
　たとえば、取引先を交えた会議があるとき、会議室の準備をするとします。このとき、あなたならどんなことを考えますか?
　机の並べ方や資料の置き方などは、工夫をしますよね。さらに気が利く仕事をするならば、会議の議長やお越しになるお客様のことを考えてみましょう。ホワイトボードをきれいに拭いたり、マーカーのインクがかすれていないかどうかチェックしたり、お客様の荷物置き場のためのテーブルを用意することができますね。
　人に言われなくても何が求められているかを想像して、相手の立場に立てば、ちょっとした工夫やさり気ない行動ができるはず。そんな「気が利く人」を目指しましょう。

A.　一歩先を読んで行動をしてみよう!

仕事で悩んだときのQ&A

新人でもできる気づかい仕事

コピー用紙がないとわかったら

・用紙がないのに気づいたら、自分で入れる
・わからなければ、「コピー用紙が切れているので補充したいのですが、どこにありますか?」と聞く

ゴミ出しや植物の水やり

・ゴミ出しは、定期的にやってくる。率先してやろう!
・いつもきれいに咲いている植物は、誰かがそっと水やりをしている

茶葉がもうすぐ切れそうだったら

・「私の仕事ではないから」と思わずに、担当課に行き、「茶葉がなくなりそうです。お願いします」と言う

郵便物の受け取り

・郵便物が届いても忙しいからといって、誰もが知らんふりしないように!
・ハンコが必要かもしれないので、あらかじめ用意して出る

会議室の予約

・ホワイトボードをきれいに拭いておく
・ホワイトボードのマーカーは使えるか事前にチェック
・荷物置き用の机や予備のイスも用意する

不要書類の処理

・シュレッダーにかけたいが、時間がなくてそのままに置いてある書類は、処理していいか確認をしたうえで行なう

Q.092 同期に比べて、自分は覚えが悪く仕事も遅いと思ったら？

　入社から数カ月たつと、「私は覚えが悪いから、同期より遅れている」「同期は、いろんな仕事をしているけど、私は同じことばかり」といった相談を受けることが増えます。

　でも、"隣の芝生は青い"という言葉があるように、あの子は優秀でうらやましいなと思っても、本人の気持ちは意外と違う、ということが多いのです。

　いろんな仕事ができてうらやましいと思っていた同期も、実は、「先輩と同じようなスピードを求められて、ついていけない」と悩んでいた、というケースもありました。

　仕事で一番大切なことは、期日を意識して一つひとつ、確実に仕上げていくこと。スピードを意識するあまり、間違いだらけの仕上げになっては、結局、倍の時間がかかり本末転倒です。

　今はスピードよりも、仕事を理解すること、慣れることに集中してください。そして継続は力なり。同じことを繰り返しコツコツと続けていくことで、スピードは必ず後からついてきます。

　最初は何もわからず、言われたことだけこなしていても、徐々に今、行なっている仕事の関連性が見えてくるようになるものです。点と点が線としてつながるようなイメージですね。

　そうやって地道に努力をしてきた人が、数年後に大輪の花を咲かせるものです。人にはそれぞれ個性があり、スピードも違いますから、人と比べることなく、着実に今できることを積み重ねていきましょう。

A. 誰にだって壁はある！

「仕事ができない」悩みを乗り切るちょっとしたコツ

**もしかしたら先輩は
あなたの気持ちを知らないかも?**

　1人で悩まないで気持ちを伝えてみよう!
　あなたがアップアップ状態になっていることを、先輩は気づいていないかも?
　先輩もゆとりがありません。だから、「つらいときは、つらいと言ってほしい」と思っていますよ!

同期と同じでなくてもいい

　同期は、よきライバルでもありますが、よき仲間でもあります。
　遠慮なく言い合える仲間は大切にしましょう!

Q.093 締め切りの期限までに仕事が終わらなかったら？

「試験前ギリギリにならないと勉強する気が起きない」タイプの人は、仕事に向かう姿勢を変えていきましょう。

仕事は、1つのことだけをやっていればよいわけではありません。いくつかの仕事を同時進行しながら、そこに電話が入ったり、接客が入ったりします。また、突発的な急ぎの仕事が入ってきたりもします。仕事は、そんなことをすべてひっくるめたうえで、計画を立てる必要があります。

仕事をスムーズに進めるために、「計画（Plan）、「実行（Do）」、「検討（Check）」、「改善（Action）」という流れで行ないましょう。これを「PDCAサイクル」といいます。

PDCAサイクルで、締め切りギリギリにならないようなスケジュールを立て、仕事を計画的に進めましょう。

PDCAサイクルの中でも、仕事を順調に進められているか、期限は守れそうか、チェックをする「C」の行動がとても大切になってきます。そうすることで、期限に間に合わないことがギリギリになって発覚！　なんてことが防げますし、間に合わないとわかった場合でも、その時点で上司に相談できます。

仕事に慣れないうちは、上司や先輩に聞いたり、調べることが多く、思いどおりにいかないこともあるでしょう。そんなときは、1人で悩まず、早めに上司や先輩に相談してください。そうした時間も計画に入れておきましょう。

A. PDCAサイクルで仕事のレベルアップ！

仕事をスムーズに進めるPDCAサイクル

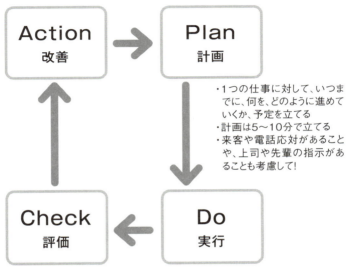

- 1つの仕事に対して、いつまでに、何を、どのように進めていくか、予定を立てる
- 計画は5～10分で立てる
- 来客や電話応対があることや、上司や先輩の指示があることも考慮して!

・計画は予定どおりにいったか?
・どこに無理があったのか?
・調整できる部分は何か?

・人の集中力には、限界があるもの。集中力が途切れたな、入力にミスが出てきたな、と感じたら、思い切ってリフレッシュタイムをとる

- 終業前に翌日1日のタイムスケジュールをつくろう。期限を常に意識して!

- 終業時間になったら、前日に立てたスケジュールを確認して、うまくいったのかどうか、どこの計画がずれていたのかを振り返る。

Q 教わり上手になるコツは?

ときには、上司や先輩に、感想や感謝の気持ちを伝えましょう。「今日の教わった仕事は、とても難しいですね」「○○さんがご指摘してくださって、よくわかりました」など伝えると、先輩も励みになります。

Q 先輩と合わないと感じたときは?

先輩は、新入社員が最初に関わる会社の人。先輩と気が合わないと、人知れず悩み続けている人もいます。そんなときは、上司に相談してみましょう。
なお、叱られてばかりいると、自信がなくなり、落ち込むものですが、「能力がない」「覚えが悪い」と自分を責めないでください。新人なら、誰でも通る道です。

Q 先輩に「疲れた?」「緊張してる?」と聞かれたときは?

先輩の優しい気づかいですね。そんなときは、無理せず、気持ちのままに答えたらいかがでしょうか。少しにっこり笑って「はい、ちょっと疲れました。お気づかいありがとうございます」「はい、ちょっと緊張しています」と言えるといいですね。もちろん、疲れていなければ、元気な笑顔で「いいえ、大丈夫です。ありがとうございます」と言いましょう。

12章

宴会のQ&A

宴会は会話を楽しもう

入社して間もなく、歓迎会やお花見などのイベントの機会があると思います。宴会は、友人との飲み会と違って、会社の行事です。特に入社したての頃は、みんな、どんな新入社員が入ってきたか興味があります。2〜3分くらいの自己紹介を用意しておくといいですね。

お酒に飲まれて自分を見失わないようにすることは言うまでもありませんが、新入社員は10分前に到着するなど、基本的なマナーも忘れずに！

◆宴会中のポイント

- **座る席次を間違えない**
  飲み会だからと言って、どこに座ってもよいわけではありません。新入社員は、下座に座りましょう。

- **飲食は乾杯が終わってから**
  乾杯が終わらないうちに勝手に飲んだり食べたりしないようにしましょう。

- **上司の話を聞く**
  食べることや、同僚との会話に夢中になり、上司の話に気づかないなんてことがないようにしましょう。

- **他部署の人と積極的に交流を**
  気の知れた同期や先輩だけでかたまらず、少し時間がたったら、席を移動し、普段あまり関わることがない部署の先輩や上司と積極的に話をしましょう。お酌をして、会話のきっかけをつくるのもよいかもしれません。役職の高い人からお酌することも忘れずに。

- **宴会は、職場にとって大切な行事**
  宴会は、相手の名前を覚え、自分の名前を知ってもらうよいチャンスでもあります。今後、何かと困ったときには助け合えるような、お互いの協力体制もでき上がってきます。宴会は、組織づくりに欠かせないものなのです。

- **煙草は喫煙席で**
  煙草は宴席では避けましょう。喫煙場所があるはずですから移動してください。もし灰皿が用意されていても、上司や先輩が吸わないのに勝手に吸ってはいけません。

◆宴会後のポイント

- **宴会の翌日はお礼を言う**
  「昨夜は、楽しい時間を過ごさせていただきました。ありがとうございました」とお礼を言いましょう。

- **酔っ払って失態を見せた翌日は、早めに出勤**
  朝、早い時間に「昨日は、申し訳ございませんでした。二度と昨夜のようなことがないように気をつけます」と言葉どおり、今後の行動を戒めましょう。

Q.094 宴会では、どんなことに気をつければいい？

　社内行事の宴会には、できるだけ参加して、早いうちにさまざまなことを学びましょう。

　まず宴会場には、遅れないように行きます。そして、上司から順に、上座に座ります。出入口に近いところが下座で、出入口から遠いところが上座です。上司や先輩に同行する場合は、仲間同士で居酒屋に行くのとは違います。ソファーとイスがあれば、ソファーは上司や先輩にすすめるような気配りをしましょう。

　上司や先輩が上座についた後に座るようにしましょう。そのため、個室の場合は、新入社員は先に入室せず、最後に入ります。

　席についたら、飲み物や食べ物のオーダーをとりまとめ、店員に伝えます。

　乾杯の音頭に合わせて乾杯をしますが、グラスは、上司や先輩より高い位置にならないように気をつけてください。

　上司や先輩と一緒に飲み会に行く場合は、何かの目的があることもあります。たとえば、上司からみなさんへのねぎらいの気持ち、みなさんの話を聞いて親睦を深めたいと思っているときなどです。そんなことを察しながら参加すると、何をしなければならないか、どうあるべきかが徐々に見えてきます。

A. 宴会のマナーは座る場所に配慮することから！

宴会の基本

● 乾杯のグラスは上司より低めに

● 宴会の席次

※1から順に上座

中華料理店
出入口に近い⑧が末席

和室
出入口に近い④が末席

Q.095 乾杯はビールじゃないとダメ？

　大人数が集まる宴会では、「とりあえずビール」と言って、最初はビールで乾杯することが多いものです。それぞれが違うものを頼むと、全部そろうまでに時間がかかるので、とりあえず全員ビールで足並みをそろえ、乾杯を先にしよう！　というわけです。

　新入社員のみなさんだけが、個別に注文して、他の人を待たせるのは気が引けることでしょう。気まずい気持ちにならないためにも、1杯目はビールにして、その後に好きなものを注文してはいかがでしょうか。

　ただし、未成年の場合は、いかなる場合でも飲んではいけません。乾杯のときからソフトドリンクを注文しましょう。

　アルコールが体に合わない場合もあります。そんなときは、グラスを口元に持っていく動作は必要ですが、無理して飲むことはありません。乾杯が終わった後に、ソフトドリンクを頼みましょう。お客様や先輩にすすめられた場合も、「申し訳ありません。お酒が飲めないものですから」と断っても問題ありません。宴会に参加する前に、前もって伝えておくと、気持ちがラクになるかもしれませんね。

　また、自分自身は飲めなくても、お客様や先輩にお酌はできるようにしましょう（Q.96を参照）。お酒が飲めなくても、酒席の雰囲気を楽しめる人はたくさんいます。飲めないことを気にせず、その場を楽しく過ごせるといいですね。

A. 「とりあえずビール」には意味がある！

宴会のQ&A 12

乾杯のときの飲み物

POINT

- ビールで乾杯が一般的

- ビールの後に好きな飲み物をオーダーする

- 未成年者は最初からソフトドリンクを注文する

● お酒が飲めない人は……

- 宴会の前に上司に一言「アルコールが飲めない」ことを相談しておく。

- お客様や先輩にすすめられたら、
  「申し訳ありません。アルコールが飲めないものですから……」
  と言ってお断りする。

- お酌は、「どうぞ」と積極的にしよう。

- 飲めなくても、場を楽しむことが大事。
  積極的に会話に参加しよう！

Q.096 どうやってお酌をすればいい?

　大人数が集まる宴会は、少人数で行く仲間同士の飲み会とは違って、さまざまな場面で気配りをしなければなりません。今のうちにアンテナを張り巡らせて、お酒の飲み方、気配りの仕方を覚えていきましょう。

　飲み物は、グラスが半分以下の残量になったあたりで「お飲み物、次は何になさいますか?」と聞きましょう。グラスが空になっては失礼ですから、常に目配りを心がけてください。

　お酌をするときは、上座の上司から行なってください。ビール瓶のラベルを上にして左手をそえて注ぎます。日本酒も、右手に持ったら左手を軽くそえるようにしましょう。

　上司や先輩からビールを注いでもらう場合は、まずはグラスを両手で持ち、斜めに傾けます。泡の量を調節しながらゆっくりグラスを起こすようにしてください。そして、注いでもらった飲み物は、テーブルに置かないでそのまま口に持って行き、一口飲みましょう。

　上司は、仕事ばかりではなく宴会でのふるまい方もよく見ています。気配りの仕方はもちろん、食事の仕方も重要なポイントです。

　たとえば、お箸の持ち方は間違っていませんか?「取引先のおつきあいに連れて行きたいが、食べ方が恥ずかしいから連れていけない」と思われないよう、一度自分の所作を見直してみましょう。

A.　お酌は上座の上司から!

宴会での新人の気配り

POINT

・出入口付近の末席に座る

・飲み物や料理のオーダーをとりまとめ、店員に告げる

・料理が来たら、取り分ける

・料理の不足分がないかを見ながら、必要な場合は注文する

・お酌は上席の上司から行なう

Q.097 上司に「今日は、無礼講だ」と言われたら？

　上司の「今日は、無礼講だ」という言葉は、「職場の上下を気にしないで楽しく飲みましょう」という意味です。日頃の仕事をねぎらう気持ちと、何かあれば話を聞きたいという気持ちの現われなのです。

　だからと言って、好き放題言い、何をしてもよいということではありません。お酒の席をきっかけに職場の人間関係が崩れてしまった、上司にからんでひんしゅくを買ってしまった、という話も多々あります。お酒を飲むと気持ちが大きくなってしまいますが、何を言ったかわからなくなるほど、飲みすぎないように注意してくださいね。

　お酒は、飲まれずに楽しく飲むのが基本です。お互い節度を持っていれば、普段は言いにくいこと、聞きにくいことを聞けるよい機会になります。何か困ったことや尋ねたいことがあれば、このチャンスに率直に尋ねたり、相談してみてはいかがでしょうか。

　上司や先輩も、新入社員のみなさんがどんな気持ちで仕事をしているのか、何か困っていないかなど、少しでも知りたいという思いでいます。

　飲み会は、上司や先輩とコミュニケーションを図るよい機会。上手な飲み方を学んでいきましょう。

A. 「無礼講」の言葉にのせられたらNG！

「今日は、無礼講だ」と言われたら

POINT

・「無礼講」は上司の気づかい。
　どんな集まりなのかを考えよう

・くだけすぎず、新人としての立場を忘れないこと

・上司には、日頃の仕事の様子や悩みなど、本音を
　聞きたい気持ちがある

Q.098 何を話していいのか わからないので、 会食がつらいときは？

　会食の場は、料理を食べることだけではなく、人との交流を深める場。初対面でも楽しく会話ができるようになりましょう。

　何を話していいかわからないという人は、本書のQ.84を参考にしながら、日頃から興味・関心のアンテナを張って、新聞や雑誌、ニュースなどをチェックしてみてください。自分の得意不得意、好き嫌いにかかわらず、多少なりとも知識があれば、何とか話ができますし、相手からの投げかけにも対応できます。

　お互いに共通の趣味がある場合は、話が盛り上がるでしょう。逆にまったく知らないことが話題になったら、「知らないので教えてください」というスタンスで興味を持って聞けば、会話は弾みますよ。

　ただし、一方的に話しすぎないように要注意。また、根掘り葉掘り質問ばかりしないこと、相手が嫌がることは聞かないことです。特に政治の話、宗教の話などは、タブーです。その人の価値観に関わるようなデリケートな話は、溝が深まると修復不可能なこともありますので注意しましょう。

　お酒の席で、上司や先輩は仕事の話で盛り上がるかもしれません。そんなときは、その話に無理に入っていく必要はありません。食べながら静かに聞きましょう。普段は聞けない話が耳に入ることもあります。もし、話があなたにふられたら、しっかりと受け答えをしましょう。

A.　日頃から雑談力を鍛えよう！

● 宴会時の会話の心得

- ☐ 話をしなければいけないと思わなくていい!
- ☐ 素直に人の話を聞こう!
- ☐ 人の話題に興味を持とう!

相手が誰だかわからないと話しづらい

● 自己紹介をしよう
社内の場合→「○○部の○○と申します」
社外の場合→「○○会社の○○と申します」

新人がよくされる質問

「仕事は慣れましたか?」　「専攻は何ですか?」
「どこから通っているのですか?」

場の雰囲気が和んだら

- ・出てきた料理の話
- ・相手のお召し物や持ち物の話
- ・ファッション
- ・レジャーの話　など

- ・取引先との会食では、会社の機密情報に注意!
- ・政治や宗教、人の悪口は言わない!
- ・口に物を入れて話さない!

Q.099 上司が「飲みに行こう」と誘ってくれたが、断ってもいい?

　上司から「飲みに行こう」と誘われるときは、「最近元気がないけど、どうしたのかな？」「仕事で行き詰まっていないかな？」「一度飲みに誘って話を聞いてみよう」など、何か目的があることもあります。「先約がありますから」と言って断る人もいますが、特に最初のうちは上司と打ち解けるチャンスでもあるので、なるべく参加できるとよいですね。

　特に、飲みに行く機会が少ない上司からお誘いを受けた場合は、そのお誘いを大切にしましょう。お酒が飲めない場合は、「お酒が飲めませんから」と断るのではなく、「お酒は飲めないのですが、よろしいですか？」と言ってみましょう。たいていは、「かまわないよ」と言ってくれるはずです。

　「先約がありますから」「予定がありますから」は、飲み会を断るときの常套句ですが、誘ったほうもあまりよい気分がしないですし、次に誘いにくくなってしまいます。

　万が一、断る場合は「ありがとうございます。せっかくお声をかけていただいたのに恐縮ですが、残念ながら〇時から〇〇があり、どうしても出席しなければなりません。次の機会にお願いします」など、誠意を持って断りましょう。

　ただし、この言葉が続くと誘われなくなってしまいますから、次の機会には、都合をつけられるといいですね。

　会社の飲み会は、日頃聞けない話を聞くチャンス。職場の人間関係を築くうえでも役に立つはずです。

A.　次につながる断り方を！

「飲みに行こう」と誘われたときの断り方

○○君、今夜飲みに行かないか?

「先約がありますから」
「予定がありますから」

「申し訳ございません。実は、今日は○○がございまして、どうしても行かなくてはなりません。残念ですが、次の機会によろしくお願いいたします」

Q.100 立食パーティーの心がまえは？

　立食形式のパーティーでは、食事の作法など、迷う人が多いようです。

　まず、挨拶の後に乾杯があります。立食の場合は、料理を食べるよりもコミュニケーションをとることが大きな目的です。

　コース料理は、前菜から順にとっていくとスマートです。手に持ったお皿に、料理を山盛りにせず、食べたいものを少量ずつとりましょう。お代わりは何回でもOKですが、とった料理は、残さないように食べます。空になったお皿はサイドテーブルに置き、次の料理は新しいお皿に盛りましょう。

　食事中の名刺交換は、手に持ったお皿をいったんサイドテーブルに置き、両手で行なうのが基本です。ただし、お皿を置く場所がない場合は、「片手で失礼します」と断りを入れてから、名刺を渡すとよいでしょう。

　食事中にスピーチがあり拍手をすることもありますので、食べることだけに集中しないようにしてくださいね。

　また、知り合いや仲間同士で同じ場所にかたまらず、積極的に移動し、いろんな人と話をする機会をつくりましょう。ネットワークを広げるチャンスです。

　しかし、話したい相手が食事中なら、食べ終わるのを待って話しかけましょう。

　新入社員の立場で取引先のお客様と挨拶を交わす場合は、先輩に紹介してもらうとよいでしょう。

A.　パーティーはネットワークを広げるチャンス！

立食パーティーの注意点

POINT

- 料理は、前菜からスタート。逆回りはしない
- カナッペやサンドイッチは、手でとらない。ただし、皿に乗せたあとは手で食べてもよい
- メインテーブルに自分の皿やグラスは置かずに、サイドテーブルに置く
- 移動するときは、左手に皿、グラスを持ち、右手は空けておく
- 知り合いや身内でかたまらない。積極的に挨拶をして会話をする
- イスを占領しない。疲れたら少し座る程度で

Q 上司にごちそうになった翌朝は？

上司にごちそうになった翌朝は、一番に「ありがとうございました」とお礼を言いましょう。
だからと言って、万座の席で大きな声でお礼を言ってはひんしゅくを買います。まわりへの配慮も忘れずに。

Q 食事場所が和室だった。素足でいい？

畳の上に素足で上がるのは、おすすめしません。女性の場合、夏でもストッキングやソックスを着用するようにしてください。また、座ったときにはスカート丈にも配慮が必要です。座ったとき、ひざが出ないくらいの長さがあるとよいでしょう。
男性の場合は、最初からあぐらを組んで座らないようにしましょう。「どうぞ楽にしてください」という言葉をかけてもらった後、先輩や上司が足を崩すのを見届けてから、ゆっくり崩すとよいでしょう。暑くて上着を脱ぐ場合も同じで、自分からさっさと脱いでは、失礼です。まわりの様子をよく見ておきましょう。

Q 二次会を断るのは、やっぱり失礼？

二次会は、無理に参加する必要はありません。家が遠い人や明日の仕事にさしさわりがある人など、さまざまな理由があるでしょう。声をかけられたら、その理由を伝えて断っても誰もとがめないでしょう。
ただし、全員が参加するような二次会を断るのは、新入社員としては気が引けるもの。そのときの流れや状況を見て、判断することも必要です。

おわりに

　最後まで本書をお読みいただき、ありがとうございます。
　私は、日本航空株式会社で客室乗務員として社会人のキャリアをスタートしました。先日、入社30年を記念して同期会が開催されました。そこでは、18名の同期メンバーと、訓練時代の教官も一緒でした。
　教官は、訓練中の写真を見ながら一人ひとりに思い出話をしてくださいました。驚いたのは、これらの写真の裏には、先輩方のコメントが書かれていたこと。先輩方の厳しい指摘と温かい励ましの言葉に満ち溢れており、懐かしく感慨深いものがありました。

　私の新入社員時代は、どちらかというと不器用で「ドジ、間抜けタイプ」でした。しかし、人一倍、一生懸命に頑張る気持ちだけはありました。先輩に言われたことや上司の言葉は熱心に聴き、実行していると自負もしていました。
　ところが、先輩方のコメントを見ると「報連相がなっていない」と書かれているのです。
　機内は、短時間で業務を行うために乗務員同士の連携やコミュニケーションがとても大切であることや「報連相」を欠かすと命取りになるので実践していたつもりでした。でも、上司や先輩から見ると、できていなかったのです。

　新入社員の頃は、自分では十分にできていると思っていても、現場の上司や先輩から見ると不十分なことがあるのだと思

います。「これでよい」とか、「私はできている」と思ったとたんに成長を妨げていたのかもしれません。

　今となっては忘れてしまっていますが、上司や先輩にもきっと注意されたはずです。そのときに「私はできている」と思っていたり、言い訳をする気持ちがどこかにあったのではないかと当時を振り返っています。

　人との出会いは、宝物です。入社して数年たったときに、あのときの先輩の言葉やお客様のご指摘があったからこそ、今の自分があると思えるときがくるでしょう。

　最後になりましたが、執筆にあたって私の背中を一押ししてくださった受講生の皆様、出版に至るまで温かく見守ってくださった同文舘出版株式会社の戸井田様にも心より感謝と御礼申し上げます。

2017年3月　　　　　　　　　　　　　　　　利重　牧子

著者略歴

利重 牧子（とししげ まきこ）

企業研修インストラクター・コンサルタント、産業カウンセラー
宮崎県生まれ。慶應義塾大学文学部哲学科卒業。日本航空株式会社・国際線客室乗員部に勤務の後、1990年より22年間、日本航空株式会社の子会社でマナー＆コミュニケーション講師として、全国で研修・講演を多数実施。2012年に独立後も、官公庁や病院、学校、規模の大小を問わず、多くの企業等から要望を受け、年間140日以上の指導実績がある。誰もが働きやすい職場づくりのための問題解決や、マナー・ルールの定着、部下指導などに取り組んでいる。厳しい中にも的確で温かいアドバイスに定評があり、クライアントから「継続的に研修を依頼したい講師」と評価をいただいている。

■ ホームページ　http://www.toshishige.jp/

新人の「？」を解決する
ビジネスマナーQ&A100

平成29年4月5日　初版発行

著　者──利重牧子

発行者──中島治久

発行所──同文舘出版株式会社

　　　　東京都千代田区神田神保町1-41　〒101-0051
　　　　電話　営業03（3294）1801　編集03（3294）1802
　　　　振替 00100-8-42935
　　　　http://www.dobunkan.co.jp/

©M.Toshishige　　　　　　　　　　ISBN978-4-495-53671-8
印刷／製本：萩原印刷　　　　　　　Printed in Japan 2017

JCOPY ＜出版者著作権管理機構　委託出版物＞

本書の無断複製は著作権法上での例外を除き禁じられています。複製される場合は、そのつど事前に、出版者著作権管理機構（電話 03-3513-6969、FAX 03-3513-6979、e-mail: info@jcopy.or.jp）の許諾を得てください。

仕事・生き方・情報を サポートするシリーズ

今すぐ身につき、自信が持てる！
新人のビジネスマナー
元木幸子著

仕事のマナーで困ったとき、迷ったときにすぐに知りたい、社会人としての常識を図やイラストで丁寧に解説。デスクに1冊常備したい、新人のための基本ブック　　本体1300円

図解 新人の「質問型営業」
青木 毅著

売り込まない、説明しない。「質問」でお客様の欲求を高めていけば、自然に「買いたい」気持ちになる！　図解でわかる「質問型営業」のマニュアル・トークスクリプト　　本体1400円

「ちょっとできる人」がやっている
仕事のコツ50
井上幸葉著

できる人とできない人の差は、ほんの少しの「仕事の工夫」。不安を自信に変えて、仕事も人間関係もラクになる「マナー以上、"やりすぎ"未満」のヒントが満載！　本体1300円

「ちゃんと評価される人」がやっている
仕事のコツ
フラナガン裕美子著

同じ仕事をしても、他の人より高い評価を受ける「気配り力+臨機応変力」の鍛え方！　元・外資系エグゼクティブ秘書が教える「がんばった分だけ、認められる技術」　本体1400円

一瞬で場をつかむ！
プレゼン伝え方のルール
森本曜子著

「伝える」ではなく「伝わる」プレゼンをしよう！　3万人以上にインタビューしたラジオパーソナリティが教える、自分のペースで話せる「空気」のつくり方　　本体1400円

同文舘出版

※本体価格に消費税は含まれておりません